어제에
기대어
나를
오늘

항상
나를
가로막는
나에게

Adler Says

알프레드 아들러 원저

•••••••• **변지영** 편저 · **김현철** 감수

감수의 말
보여주기 위한
삶에 지친 당신에게

'우린 과연 왜 사는가?'라는 질문은 '왜 자살하면 안 되나?'와 함께 진료실에서 가장 많이 받는 질문 중 하나다. 심장이 없는 이들에겐 그저 배부른 소리나 우울한 푸념으로 들릴지도 모른다. 하지만 우울에는 나름의 이유가 있다. 신기루 같은 허상을 걷어버리는 묘한 순기능으로 우릴 존재의 이유, 목적에 대한 물음으로 안내한다. 때론 그저 지금 이대로, 간신히 살아남는 게, 다가 아니라고 속삭여주는 셈이다.

'존재의 목적'이라는 관점에서 보면 위의 두 질문은 본질적으로 같다. 오스트리아 출신의 정신의학자 알프레드 아들러 또한 그 누구보다 이 사실을 잘 알고 있었다. 그는 증상이라 치부되는 정신현상 뿐 아니라 사회와 실재實存의 연결고리까지 훌륭히 풀어냈다. 게다가 스스로 창시한 이론인 '개인심리학'이란 이름에 걸맞지 않게, 더불어 살아가는 '우리'에 관해 학문적 관심과 실천하는 열정을 내뿜었다. 껍데기만 남은 채 서로를 착취하다 모두가 괴멸해버리는 21세기의 비극을 이미 백여 년 전에 예측하고 나름의 해결책을 내어놓았던 셈이다.

'과시와 완벽'이라는 창과 방패를 들고 집을 나서던 당신이 언제부턴가 염증을 느끼기 시작했다면 그의 통찰이 가득 담긴 이 책은 당신에게 시기적절한 잠언집이 되어 줄 것이다. 의심은 접어도 좋다. 수년 전 병원생활에만 찌들며 뭔가에 갈증을 느꼈던 내게, 함께 더불어 살아가는 기쁨이 무엇인지 몸소 보여준 그녀가 직접 엮어 옮긴 책이니까.

— 정신건강의학과 전문의

김현철

머리말

100년이 지난 지금
왜 아들러인가?

심리학에 관심이 있는 사람이라면 누구나 프로이트의 정신분석이론을 들어보았을 것이다. 본격 심리극을 표방하고 나서는 미드에서 주로 발견되는 장면들은 대개 프로이트에 관한 인용으로 채워진다. 방어기제, 실수 행위, 꿈의 해석 등 우리가 의식하지 못한 채 반복하는 말과 행동의 패턴에 대해 프로이트는 얼마나 많은 해석을 해놓고 있는가. 그런 프로이트의 후광에 가려져 비교적 덜 알려진 심리학자 중 대표적인 사람이 바로 알프레드 아들러이다.

아들러는 유대인 상인의 아들로 태어났다. 오스트리아 빈에서 6남매의 둘째로 태어난 그는 선천적으로 몸이 약했다. 구루병에 잦은 후두염과 폐렴을 앓아 집에서 누워 지내는 시간이 많았다. 게다가 키가 작고 볼품없는 외모에다 시력도 심하게 나빠서 신체적 열등감을 강하게 가지고 있었다.

잘 생기고 공부도 잘했던 형을 유달리 예뻐하고 자신에게는 관심조차 보이지 않던 어머니의 사랑을 받아보고자 무던히도 노력했으나 번번이 실패한 아들러는 심리적 열등감의 골도 깊어갔다. 집에서 오래 지냈던 탓에 친구도 별로 사귀지 못했고 원하던 어머니의 사랑도 받지 못했던 그는 곧 동생의 출생이라는 비극을 맞는다. 동생의 출생으로 어머니의 관심이 완전히 멀어지자 형에게 향했던 질투는 동생에게로 옮겨간다. 하지만 온 가족의 사랑을 받았던 동생이 어느 날 심한 폐렴을 앓아 사망하게 된다, 이때 아들러는 동생을 심하게 질투했던 것에 대해 깊은 죄책감을 느낀다.

그 무렵 아들러도 폐렴으로 죽을 위기를 넘겼다. 유년기 내내 병고로 시달렸던 아들러는 의사가 되겠다고 결심하고 결국 빈 대학교 의과대학에서 안과와 일반의학을 전공해 1895년 졸업했다. 다양한 학문에 두루 관심을 가졌던 그는 인간의 병을 결코 별개의 증상으로 보지 않았고, 환자의 삶의 방식과 성격적 특질 등 인격 전반의 맥락에서 이해하고자 했다. 항상 정신과 신체 간의 연관성에 대해 이해하려고 노력했던 아들러를 눈여겨본 프로이트는 1902년 어느 가을날, 아들러를 다른 세 명의 의사들과 함

께 자신의 집으로 초청했다. 이 만남을 계기로 '수요심리
모임 Psychological Wednesday Society'이 탄생했다.

하지만 프로이트가 지나치게 성 동기로 행동의 원인과 결
과를 해석하는 것에 아들러는 처음부터 다른 생각을 가
지고 있었다. 그보다는 자신의 힘들었던 어린 시절 경험
에 비추어 질병과 죽음에 대한 공포, 그리고 항상 형과 비
교되며 느꼈던 열등감에 천착했다. 이를 토대로 대안적인
이론의 기초로서 '열등감 콤플렉스 Inferiority complex'라
는 개념을 만들어냈다. 이처럼 아들러는 모든 유아가 출
생하면서 곧바로 맞닥뜨리는 것이 열등감이며, 성장하면
서 사회 환경에서 만나게 되는 어려움이 열등감을 계속
만들어간다고 보았다. 즉, 프로이트와 달리 생물학적 본
능보다 사회적 경험의 중요성을 강조했고, 사람의 행동은
과거의 억압된 사건보다는 미래에 대한 의식적 계획과 목
표에 따라 결정된다고 생각했다. 프로이트와 10년 가까이
지속된 관계는 결국 1911년에 아들러가 논문 세 건을 발
표하면서 끝을 맺는다. 무의식과 리비도, 트라우마 등 정
신분석학의 거의 모든 핵심 개념에 대해 정반대되는 주장
을 펼치면서 아들러는 '개인심리학'의 시대를 열게 되는
데, 이 결별에 대한 해석은 학자마다 조금씩 다르다. 자신

보다 나이도 많고 연구의 깊이가 훨씬 뛰어났던 프로이트에게 항상 인정받고 싶어 했으나, 원하는 만큼 프로이트에게서 인정받지 못했던 까닭에 번번이 부딪쳤다고 보는 관점도 있고, 프로이트와 아들러를 라이벌의 관계로 해석하는 입장도 있다.

아들러는 프로이트의 핵심 개념인 '무의식'에 대해 정면 도전하면서 "성격 형성에 있어 중요한 것은 무의식이 아니라 우리가 구체적으로 경험하는 사회현상"이라고 주장했다. 아마도 그가 이렇게 '의식'의 차원만을 다뤘기 때문에 '개인 무의식'의 개념을 정립한 프로이트와 '집단 무의식'의 개념을 추가해 더욱 깊이 있게 연구한 칼 융에 비해 아들러의 연구가 심리학계에서 그다지 높게 평가받지 못하는 것 같다. 하지만 역설적이게도 같은 이유로 미국에서는 그의 논리가 상당한 인기를 얻었다.

"자유의지는 없다."고 단정했던 프로이트의 결정론적 인과론이 아니라 자유론적 목적론의 시각을 내세웠던 아들러는 인간의 삶을 결정하는 것은 '과거가 아니라 미래'라고 주장했으며 '목표가 인간의 성격에 어떤 영향을 미치는지' 치옴으로 철학적이고도 심리학적인 주장을 펼쳤다

이는 당시 미국 특유의 진취적이고 독립적인 개인주의적 문화에 잘 맞아떨어지는 논리였다. 게다가 염세적이고 인간의 본성 자체를 어둡게 보았으며 권위주의적이고 독단적 성격이 강해 연구와 저술에 전념했던 프로이트와 달리, 낙천적이고 쾌활하며 사교적인 성격의 아들러는 실용적이고 실천적 성향이 강해 사람들을 많이 만났고 강연을 즐겼다. 『죽음의 수용소에서』의 저자로 잘 알려진 빅터 프랭클을 직접 지도했으며 미국으로 건너가 자리를 잡은 뒤에는 미국과 영국을 오가며 강연하면서 미국의 인본주의 심리학자 매슬로우와 칼 로저스의 이론을 정립하는 데 깊은 영향을 끼쳤다.

이 책은 이런 알프레드 아들러가 강연을 통해 했던 말들을 엮어 썼다. 글보다는 말을 좋아했고, 혼자 연구실에 틀어박혀 있는 것보다는 대중과 만나 강연하기를 좋아했던 아들러. 자신의 열등감에 천착해 타인의 열등감을 깊게 이해했던 아들러의 말들은 100년이 지난 지금에도 큰 울림이 있다. 게다가 그의 저서들은 강의록을 정리해 출간한 것이 대부분이어서, 구어체로 쓰여 있으며 책 곳곳에 중복된 표현이 많다. 필자는 그 중 아들러를 대표하는 정수라고 판단되는 말들, 아들러가 직접 강의에서 생생하게

했을 것이라고 느껴지는 말 중에 마음에 와 닿는 것들을 골라 보았다. 근래에 유독 일본에서 재조명을 받아 대중적 인기를 얻고 있는 아들러의 개인심리학은, 항상 비교하고 비교당하며 자신의 정체성을 잃어버린 채 휩쓸려온 많은 한국인에게도 신선한 자극을 주리라 생각한다.

과연 어떤 삶이 심리적으로 건강한 삶인가? 내가 원하는 삶은 무엇인가? 항상 부족하고 뭔가 모자라는 것 같은 이런 느낌은 도대체 무엇인가? 어떻게 하면 원하는 삶을 살 수 있을까? 알면서도 반복하는 실수들은 무엇 때문인가? 이런 현실적이면서도 실존적인 문제에 대해 아들러가 어떤 제안을 하고 있는지, 강연을 듣듯 함께 들어보면 좋겠다. 이 책이 우리 사회에서 넘쳐나는 피상적인 수준의 '자신감' '열정' '용기'에 관한 구호를 넘어 진정 나와 타인을 이해하고 열등감을 담담하게 바라보는 관점을 주고 근본적인 치유, 근원적 평화를 얻는 여정의 실마리가 되어주길 바란다.

차례

감수의 말 보여주기 위한 삶에 지친 당신에게   4
머리말 100년이 지난 지금, 왜 아들러인가?   6

1장 ― 나는 대체 어디로 향하고 있는 걸까   16

2장 ― 나보다 잘났거나 못났거나 하는 것들에 대하여   42

3장 ― 기억과 감정에는 은밀한 목적이 있다   72

4장 ― 모든 것은 선택의 문제   88

5장 ― 왜 성격은 바꾸기 어려울까   104

6장	상처 받지 않고 자란 사람은 없다	122
7장	필요한 것은 오직 행동	150
8장	나에게는 아직 용기가 남아 있다	172
9장	개인적인 것은 곧 사회적인 것	200
10장	삶이 위험하다는 거짓말	220

맺음말 삶은 과거가 아니라 미래에서 온다　　　246
참고문헌　　　255

우산

삶이 힘들다는
당신에게

삶이 힘든 것이 아니라 나 자신이 힘든 것이다.
어려움에서 나를 구출해내는 것도,
곤경에 빠뜨리는 것도 나 자신이다.
진정한 의미에서 나를 방해할 수 있는 사람은
아무도 없다. 뭔가 일이 풀리지 않는다고 생각될 때에는
자신이 했던 말과 행동을 추적해보아라.
그러면 알게 될 것이다.
항상 당신을 가로막은 것은 당신이었다.

세상에
정상적인 사람이 있다면

혹시 아직 눈치채지 못했는가?
내 주위의 부부들에게는 모두 문제가 있다.
게다가 나의 가족은 물론이고,
내 친구의 가족에게도 문제가 많다.
복잡하게 얽혀 서로 괴롭히고 스스로 갉아먹는다.
열등감이 깊어 연애를 못하거나 결혼을 했더라도
의처증이나 우울증으로 서로를 괴롭힌다.

세상에 정상적인 사람이 있다면
그건 당신이 잘 모르는 사람일 뿐이다.

거짓말을 하는
진짜 이유

진실이 위험하다고 느끼지 않는다면
인간은 거짓말을 하지 않는다.
그렇다면 거짓말이 문제인가,
진실을 말했을 때 위험해지는 그 상황이 문제인가.

안다는 것

사람은 자신이 이해하고 있는 것보다
더 많은 것을 알고 있다.

운명의
의미

사람은 항상 같은 데에서 넘어진다.
열심히 살아도, 환경이 바뀌어도
똑같은 실수와 실패를 반복하는 사람이 많다.
왜 그럴까?
사람은 누구나 자신만의 특정한 목적론에 따라 행동하고
그로 인해 평생 고통받는다.
이것을 이해하지 못하면
피할 수 없는 운명이 되어버린다.

인간의 본성

인간에 대한 많은 선입견과 자만심을 버려야만 비로소,
인간 본성을 이해할 수 있다.
뜻밖에도 우리 중 인간을 제대로 이해하는 이가 적다.
대부분의 사람들은 무지하다.
그건 서로가 소외된 삶을 살고 있기 때문이다.

심리학이
해줄 수 있는 것

철학이 책임을 질 때에만, 심리학은 안전하다.
인간 본성에 대한 과학적 지식은 심리학만이 아니라
철학자들이 오랫동안 연구해온 인류학에도
그 뿌리를 두고 있다.
그러므로 심리학에 마치 모든 문제의 해답이 있는 것처럼
지나치게 의지해서는 안 될 것이다.
인간 의식의 흐름은
이미 오래된 철학의 역사에서 충분히 다루어져 왔다.

자기
자신을 안다

자기 자신을 제대로 이해하게 되면,
놀라운 결과를 맞닥뜨리게 된다.
그는 더 이상 과거의 그 사람이 아니다.
습관적으로 했던 말과 행동을 멈추게 되고
진정 자신에게 행복을 가져다줄 수 있는 선택을
하게 될 것이다.
그러므로 사람에게 있어 진정한 변화는
의지의 영역이 아니다.
인지의 영역이다.
백 번 각오하고 다짐하는 것보다
한 번 제대로 깨닫는 것이 필요하다.

상황만이
결정한다

장점이 어떻고 단점이 어떻다 하는 것도
어떤 상황에 있느냐에 따라 달라진다.
누구와 무엇을 하느냐에 따라 플러스가 될 수도 있고
마이너스가 될 수도 있는 상대적인 개념이다.
오직 그 사람이 처한 상황만이
그것이 장점인지 단점인지를 결정한다.

누군가를
이해하려면

한 사람이 어떻게 생각하는지를 알기 위해서는
그가 주변 사람과 어떤 관계를 맺고 있는지
살펴봐야만 한다.
사람이 사람과 맺는 관계에는
우연의 요소가 많으므로 항상 변화하게 된다.
이러한 사회적 관계를 고려하지 않고
인간의 정신활동을 이해한다는 것은 불가능하다.
혼자 있을 때 나쁜 사람이 과연 있을까?
혼자 있을 때 착한 사람, 좋은 사람이 있을까?

사람은 오직 관계 안에서 해석되고 설명된다.

감정이입

누군가와 이야기할 때 감정이입은 시작된다.
상대에게 감정이입을 하지 못하는 경우
그 사람을 이해하는 것은 불가능하다.

하고 싶은 것이
없다는 당신

인간의 모든 정신생활은 자신의 목표에 의해 결정된다.
이런 목표가 있기 때문에 생각하고 느끼고 바라며
꿈도 꾸는 것이다.
다만 목표를 정확히 인식하는가, 스스로 알지 못한 채
잠재되어 있는가 하는 차이가 있을 뿐이다.
목표가 없다, 무기력하다, 하고 싶은 것이 없다고
말하는 것은 그만큼 목표가 현실보다 너무나 커서
차마 입 밖으로 꺼내지 못하는 것이다.

설명하지 못하면 정확히 알지 못한다.

인간에게 필요한
세 가지

결국 개인에게 가장 중요한 문제는
직업과 사회적 관계, 그리고 사랑하는 관계 세 가지다.
셋 다 실패한 경우를 생각해보자.
직업이 없거나 있더라도 만족스럽지 못하고,
친구가 없고 애인이나 배우자도 없는 사람이 있다.
그에게 '삶'이란 상처받지 않기 위해 자신을 보호해야 하고
위험 요소를 잘 피해야 하는 전쟁터일 것이다.
그야말로 방어하기 위해 사는 피곤한 삶이다.

우월해지려는
열망

인간은 누구나 사회적으로 인정받고
사회적으로 중요한 것을 추구하려 한다.
사회의 평가와 무관한 중립적 목표란 없다.
인간은 공동생활을 하면서 항상 자기 평가를 하고
이로 인해 우월해지려는 열망과
경쟁에서 이기려는 마음을 키운다.
어린아이의 꿈이나 놀이에
권력을 잡는 역할이 항상 들어 있는 것을 보면
이러한 사실을 확인할 수 있다.

행복의 근원

사랑하고 있고 일에서 성취감을 느끼며
친구들과 어울리며 살고 있는 사람을 살펴보라.
이 사람에게 인생이란 동료에게 관심을 갖고
사회의 구성원으로 살아가는 것을 의미한다.
세 가지 영역 중 하나라도 문제가 있는 경우,
사람은 대개 결핍을 느낀다.
돈이나 권력, 능력을 갖추었다고
행복하다고 느끼는 사람은 만나본 적이 없다.

생각의
함정

인간은 누구나
자신의 태도를 정당화해줄 수 있는 생각은 붙잡고
방해되는 생각은 거부한다.
세상을 바라보고 해석할 때에도
자기 생각을 지지하는 데에 필요한 것만 받아들인다.
이로운 것들은 의식의 영역에 두지만,
자신을 불편하게 하는 것은 무의식으로 밀어 넣는다.

착한 사람의
의미

자기 자신은 대단히 착한 사람이라고 생각하지만
정작 지독한 이기주의자인 경우가 많다.
반대로 스스로 이기주의자라고 생각하지만,
사실은 매우 착한 사람인 경우도 많다.
자기 자신을 어떻게 생각하는지, 혹은 다른 사람이
그를 어떻게 생각하는지는 별로 중요하지 않다.

중요한 것은 그가 인간 세상에 대해
어떤 태도를 갖고 살아가는가 하는 것이다.

집중력은
누구에게나 있다

흔히 내가, 혹은 우리 아이가
집중력이 없어서 문제라고 말하지만,
그것은 틀린 말이다.
집중하지 못하는 사람은 없다.
다만, 항상 '다른 것'에 집중하고 있을 뿐이다.
부주의는 다른 사람이 요구하는 것을
해야 하는 상황에서 나타나는 특징이다.

집중력의 본질

집중력은 인간이 할 수 있는 것 중
가장 중요한 정신활동이다.
우리는 하나에 집중하면
이를 방해하는 다른 것은 의도적으로 배제해버린다.
정신적으로 집중한다는 것은
이루고자 하는 목표나 원하는 상황과 나 사이에
특별한 다리를 놓는 행위이다.
목적 달성을 위해 모든 힘을 쓰겠다고
자신에게 선포하는 것이다.

타고난
능력이란

타고난 능력이란 없다.
다만 압박감이 있을 뿐이다.
천재들을 보라.
뛰어난 성과를 낸 사람들을 보라.
궁지에 몰리거나 혹은 스스로 궁지로 몰아
계속 자신에게 혹독하게 요구하는 사람들일 뿐이다.

2장

나 보다
잘 났거나

못 났거나
하는

것들에 대하여

열등감이라는
말

열등감이 있다 없다고 흔히 말하지만,

그 의미를 정확히 이해하고 말하는 사람은 드물다.

'열등감'이 문제라고 말하는 것은 아무런 의미가 없다.

예를 들어, 머리가 아프다고 병원에 온 사람에게

"당신의 문제를 말씀드릴까요. 그것은 바로

당신의 머리가 아프다는 것입니다."라고

동어 반복적으로 현상만을 말하는 것과 다르지 않다.

못났다는 느낌은
어디에서 오는가

인간으로 존재한다는 것은 곧 열등감을 느낀다는 것이다.
태어난 그 순간부터 인간은 비교 대상을 찾는다.
형제나 또래 친구는 물론이고
심지어 부모까지도 경쟁의 대상으로 본다.
자신에게 없는 것, 자신이 할 수 없는 것을
곧바로 다른 사람보다 못하다는 감정으로 받아들인다.

신발 끈을 매지 못해 끙끙대는 아이를 도와줬다가
도리어 아이에게 한 대 맞는 엄마를 보더라도
너무 놀라지 마라.

보상을 위한
노력

정신은 늘 열등감으로 상처받은 감정을
보상받기 위해 노력한다.
신체 기관에서 이런 보상 추구의 메커니즘이 있다는 것은
이미 널리 알려져 있다.
혈액 순환에 문제 있는 사람의 심장이
더 강하게 작동하는 바람에
결과적으로 정상 심장보다 더 커지기도 한다.
정신세계도 이와 비슷하다.
열등하다고 느끼거나 자기 자신이 무력하고 작다고
상처를 입게 되면 이것을 이겨내기 위해
정신은 총력을 기울이게 된다.

목표를 갖는
이유

인간은
자신이 약하고 부족하다는 느낌을
오래 견디지 못한다.
때문에 이런 느낌은 인간을 계속 움직이고
행동하도록 자극한다.

그래서 인간은
목표를 갖는 것이다.

미래는
과거의 해석이다

과거가
우리가 극복하려던 열등감이나 결핍감을 보여준다면
미래는
어디로 그 에너지를 옮겨갈 것인지
방향과 관련이 있다.

그러므로 한 사람의 미래는
그가 과거의 열등감과 결핍을 어떻게 해석하고
무엇을 실행에 옮기는가에 달려 있다.

모자라다는 느낌은
정상

당연하게도 열등감은 문제가 아니다.
병도 아니다.
발전하려고 노력하는
건전한 자극제가 된다.
문제는 그 열등감이 너무 강해 우울증이 되는 경우이다.
우울증으로 자신을 가둬버리고
어떠한 진지한 노력도 발견도 하지 않으려 들 때,
열등감은 병이 된다.

우월감과 열등감은
같은 것

자살하는 사람은
목숨을 신경 쓰지 않는 것처럼 행동하면서
우월감을 느끼지만, 사실은 굉장한 겁쟁이이다.
여기서 우리는 우월감이
열등감의 뒤에 나타난다는 것을 알 수 있다.
열등감에 대한 보상으로
사람들은 종종 우월감을 택한다.
얼핏 모순처럼 보이지만
인간 본성의 맥락에서 보면 자연스럽게 연결되는
이런 유기적 관계를 잘 찾아내야 한다.

예민한
사람들

너무 까다롭고 예민한 사람들이 있다.
성질이 고약하고 걸핏하면 화를 내거나
돌아서는 사람들도 있다.

이러한 것은 모두 열등감의 다른 표현이다.

항상 바쁜
사람들

끊임없이 움직이거나,
고집이 유달리 세거나
항상 뭔가를 하려고 안달하는 사람이야말로
대단한 열등감에 사로잡힌 사람이라고
말할 수 있다.

완벽에의 추구

개인심리학은
진화에 그 이론적 토대를 두고 있다.
우리는 인간의 진화를 믿는다.
사람은 누구나 완벽해지려고 애쓴다.
마이너스 상황을 플러스 상황으로 바꾸려고 고군분투한다.
그것이 잘되지 않으면
정신적, 신체적 문제가 생겨난다.

당신이
우월하다

사람들과 잘 지내지 못하는 사람을 만나면
이것을 기억하라.
그 사람은 자신이 우월하다는 것을 보여주려고
기를 쓰고 있다는 사실이다.
이를 기억하고 그 사람을 대하라.
"당신이 우월하다."고 인정해주면
의외로 관계의 문제가 빨리 풀릴 것이다.

무엇이
부족합니까

"당신은 자신을 스스로 모자라다고 느낍니까?"
라고 물었을 때 진심으로 "네"라고 말하는 사람은 없다.
오히려 웬만한 주위 사람과 비교했을 때
자신의 장점과 강점이 훨씬 많다고 생각하는 사람이
대부분일 것이다.
자신이 중요한 사람임을 과시하기 위해
오만하게 구는 사람도 있다.

그러므로 열등한지 우월한지 물어볼 것이 아니라
그 사람의 행동을 유심히 관찰하기만 하면 된다.
남보다 낫다는 것을 입증하고, 인정받으려고
애쓰는 사람의 마음속에는 깊은 열등감이 들어 있다.
그것은 키가 작은 아이가 까치발로 걸으면서
키가 큰 것처럼 보이려고 애쓰는 것과 같다.
이처럼 열등감은 다양한 모습으로 정체를 드러낸다.

포장하려는
노력

남보다 잘났다는 것을
꼭 보여주려고 애쓰는 사람이 있다.
우리는 그 안에 있는 열등감을 봐야 한다.
말이 너무 많은 사람, 행동이 너무 과한 사람에게는
항상 감추려고 하는 어둠이 있다.
이 지점을 잘 들여다봐 주면 좋아질 것이다.

가장 나쁜 사례

자신의 부족함을 숨기기 위해,
자기 최면이나 자기 도취를 반복하면서
스스로 뛰어난 사람이라고
느끼고 싶어 하는 경우가 많다.
직장에서 이렇게 억눌린 사람이라면
집으로 돌아와서는
자신이 얼마나 중요하고 대단한 존재인지
가족에게 보여주려고 폭군이 되기도 한다.
그의 열등감은 해소되지 않고 축적된다.

자기 자신을 기만하는 이런 노력은
결국 실패한다.

권력을 향하는
사람들

열등감이 클수록 권력에 대한 욕망은 강해지고
감정적 기복도 심해진다.
권력을 잡았다고 생각하고 마구 휘두르는 사람은
그 권력을 잃게 되었을 때,
상상하기 힘든 수준으로 초라해진다.

권력은 강력한 열등감에 시달리는 사람이
손쉽게 얻을 수 있는 가짜 치료약이다.

문명은
열등감이 빚어낸 예술

인간은 항상 나아지려고 하기 때문에 결핍을 느낀다.
인간이 무지를 두려워하면서 미래를 내다보고 대비하려고
전전긍긍했기 때문에 과학의 발전도 가능했다.
사실 나는 인간의 문화 자체가 열등감에 기반을
두고 있는 것이라고까지 생각한다.
우주에서 온 외계인이 만약 지구를 관찰한다면
그는 분명히 이렇게 말할 것이다.

"인간들은 엄청나게 많은 조직과 제도를 만들고
안전을 지키려고 애쓰며
비를 피하려고 지붕을 만들고
몸을 따뜻하게 하려고 옷을 입고
쉽게 이동할 수 있게 길을 만든다.
인간들은 분명 자신들이 지구상에서 가장 약한 존재라고
생각하고 있음이 틀림없다."

자살의
목적

자살은 언제나 복수이거나 앙갚음이다.
자살하려는 사람은 자신의 죽음에 대한 책임을
누군가에게 전가하려 한다.
"나는 정말 여리고 예민한 사람인데,
네가 나를 이렇게 잔인하게 대하다니!"라는 메시지를
몸으로 표현하고 있는 것이다.
상황을 정면으로 개선하려는 노력은 하지 않고
타인이나 상황을 그저 지배하려는,
우월감만을 느끼려는 데서 나타나는 현상이다.

우월에의 추구

우월해지고 싶다는 것,

이러한 목표는 무척이나 개인적이고 독창적인 것이다.

이는 그 사람이 자신의 삶에

어떤 의미를 부여하고 있는지에 달려 있다.

단지 말의 문제가 아니다.

사람이 살아가는 방식 속에서 만들어지며,

스스로 창작한 이상한 멜로디처럼

그 사람의 인생 전체에 울려 퍼진다.

당신의 목표는
무엇인가

누구도 자신이 추구하는 목표가 무엇인지
정확히 알지 못한다.
자신이 어떤 일을 하고 싶은지
직업적 목표에 대해서는 알 수 있을지 모른다.
하지만 이것은 지극히 일부분에 불과하다.
자신이 추구하는 우월함에 대한 목표,
그 본질을 깨달을 때
인간은 진정 자신의 꿈을 이해할 수 있다.

성공은
열등감의 다른 결과

열등감을 강하게 경험했던 사람이야말로
무엇인가 이루려는 욕망과 열정을 강하게 느낀다.
성공한 사람들이 대부분 어두운 과거를 가진 것은
우연이 아니다.
열등감을 해결하려고 고군분투했던 사람이
결국 무엇인가를 이루어내는 것이다.

3장

기억과
감정에는
은밀한
목적이

있다

감정의 목적

모든 감정과 행동에는 보다 근본적인 이유가 있다.
목표가 있는 사람은
감정을 그 목표 달성에 맞게 적응시킨다.
이를테면 '분노'는 종종
타인이나 상황을 지배하기 위해 꺼내 드는 장치다.
습관적으로 화를 내는 사람은
상대를 빠른 시간 안에 굴복시키려는 의도를 가지고 있다.
그럴 만한 힘이 없는 사람은 자신에게 화를 돌리는,
이른바 자학의 태도를 취한다.

절대적
감정이란 없다

절대적 감정이란 없다.
안정을 추구하고 힘을 가지려는 성향이 과해지면
용기는 무례함으로,
순종적인 것은 비굴함으로 변할 수 있으며,
친절함은 세상을 지배하려는
미묘한 계략이 될 수도 있다.
모든 감정은 속해 있는 환경의 최종 목적에 따라
그 표정을 계속해서 바꾼다.

문제는
어디에서 오는가

우리가 겪는 문제는,

작든 크든 항상 새롭고 다양하다.

드러난 증상 하나를 억지로 해결하려 든다면,

곧바로 새로운 실수에 걸려들게 된다.

그러므로 잠을 못 잔다든지,

술을 너무 많이 마신다든지,

사람을 회피한다든지 하는 문제는

그 이전에 일어났던 일과 관련된 감정을 살펴야 한다.

증상은
만들어내는 것

지금껏 정신 치유는 대개,
드러난 증상에만 초점을 맞추어왔다.
신경증, 우울증, 광장공포증 등 그 증상을
어떻게 치유할 것인가에 집중되었다.
개인심리학은 의학적 영역에서든 교육적 영역에서든
이에 완전히 반대한다.
항상 편두통으로 시달리는 사람이 있다고 하자.
이 사람은 낯선 사람을 처음 만나거나 뭔가 중대한 결단을
해야 하는 경우에만 항상 편두통을 일으킨다.
이런 편두통은 같이 일하는 동료나
가족을 지배하는데 효과적이다.

학교에서도 마찬가지다.
숙제를 안 했거나 시험 성적이 안 좋은 아이에게,
왜 그런지 추궁하는 것은 별로 효과가 없다.
맥락을 알지 못한 상태에서 증상만 해결하려 든다면,
아마 그는 자신의 목표를 달성하기 위해
또 다른 문제를 만들어낼지도 모른다.
이처럼 하나의 증세를 분명히 고쳤는데 또 다른 증상을
순식간에 만들어내는 신경증 환자는 너무나 많이 있다.

우리는 항상 잊지 말아야 한다.
환자는 자신의 증상을
자신의 의도대로 만들어낼 수 있음을.

약한 사람의
지배법

"힘들어서 죽겠다."고 습관적으로 말하는 아내가 있다.
이 말 속에 남편이나 다른 사람을
지배하려는 의도가 있다는 것을
알지 못한다면,
누구도 이 말이 정확히 의미하는 바를 모를 것이다.
이렇게 약함을 하소연하는 것은,
나약한 사람이 다른 사람을 지배하기 위해 쓰는
가장 보편적 방법의 하나다.

목표와 자유

정신은 내면의 목표가 있을 때에만 발달한다.
목표를 세우려면
변화할 수 있어야 하고
움직일 수 있는 자유가 있어야 한다.
항상 자유가 있을 때
풍요로운 정신적 결실이 있었음을
명심해야 한다.

목표는 어느 누구도 대신 세워줄 수 없다.

포기하는 사람은
없다

정말로 뭔가를 포기하는 사람은 본 적이 없다.

그것은 인간의 본성을 넘는 것이므로 불가능하다.

정상적인 인간은 포기하지 않는다.

만약 포기하는 것처럼 보인다면,

그것은 역설적으로

더 간절히 해내려는 투쟁을 의미한다.

소심한
복수

책을 자주 잃어버리는 아이는
학교생활에 적응하지 못했을 가능성이 높다.
열쇠를 자주 잃어버리는 주부는
집안일에 만족하지 못하고 있다.

자신이 하는 일에 흥미를 잃어버린 사람은
대놓고 반항하기보다는,
무엇인가를 자꾸 잊어버림으로써
복수하는 쪽을 택한다.

은밀한 기억의
은밀한 목적

어떤 것을 기억하고 어떤 것을 잊어버리는가?

우리는 목표를 추구하는 데
방해가 되는 과거는 잊어버린다.
오직 자신의 목표를 달성하는 데에 도움이 되고
정신이 지향하는 방향에 부합하는 사실만 기억한다.

기억은 의도된 적응 과정이다.

모든 기억은
주관적이다

경험과 마찬가지로 모든 기억도 주관적이다.
나를 보고 웃는 사람이 있다고 하자.
내가 기분이 좋으면 그가 미소 짓는 것으로 보일 것이고,
내가 마음이 꼬여 있으면
그가 비웃고 있다고 생각할 것이다.
사람은 자신의 현재 상황을
설명할 수 있는 사실만 기억한다.

그러므로 기억은, 시시때때로 바뀌는 감정만큼이나
믿을 것이 못 된다.

4장

모든 것은

선택의
문제

트라우마란

없다

트라우마의 충격으로
무엇인가를 못하는 사람이 있다고 한다.
하지만 우리는 연구 끝에,
사람은 종종 자신의 상황을 합리화하고자
필요한 트라우마를 만들어내기도 한다는 것을 밝혀냈다.

해결하기 어려운 충격, 절대적 사건이란 없다.
그렇다고 느끼는 해석만 있을 뿐이다.

성공의 원인,
실패의 원인

어떤 경험도 그 자체로 성공의 원인이 되거나
실패의 원인이 되거나 하지는 않는다.
고통스러운 경험이 사람을 힘들게 하는 것이 아니라,
힘들어하는 사람이 자신의 경험에서
쓸만한 고통의 기억을 재구성해내는 것이다.
현재 상황이 즐겁고 잘 되고 있다면
기억하지 않았을 일일 수도 있다.
이처럼 자신의 경험에 의미를 부여하는 것은 자기 자신이다.

의미는 상황이 결정하는 것이 아니라,
상황에 이름을 붙이는 내가 결정하는 것이다.

해석은
당신의 몫

사람은 각자의 의미 안에서 산다.

순수하게 '상황' 그 자체를 경험하는 것은 불가능하다.
다만, 자기 자신에게 중요한 상황만을 경험할 뿐이다.
그러므로 똑같은 일을 겪는다고 해도,
사람에 따라 모두 다르게 해석되기 때문에
겪은 사람의 숫자만큼이나 각각 다른 사건일 뿐이다.

왜

경험해도 달라지지 않는가

경험을 더 한다고 해서 꼭 현명해지는 것은 아니다.
사람은 어려움을 회피하는 법을 배우며
그 어려움에 특정 태도를 취한다.
어떤 공식 같은 것을 만들어 재빨리 대처하려고 한다.
하지만 이것으로 그 사람의 행동 패턴이 바뀌지는 않는다.
무엇을 겪든 인간은 자신의 경험에서
항상 같은 결론을 이끌어낸다.

필요한 것만 느끼는 것이다.

객관적 사실이란
없다

인간은 오직 관계를 경험한다.

인간이 경험한 사실은 '사실'이 아니다.
수학 공식처럼 객관적 사실이 되지 못한다.
그러므로 사람은 이러한 것들을 보고 듣고 축적하고,
결론 내리는 방법을 경험함으로써 진화하는 것이다.
이런 과정을 통해 인간은 유년기를 벗어나 '성인'이 된다.
그러므로 항상 실수를 동반한다.

나에 대한 지나친 관심은
우울증이 된다

우울증으로 힘들어하는 사람들에게
나는 이런 처방을 내린다.

"14일 만에 좋아질 수 있는 간단한 방법이 있습니다.
한 사람을 정해서 매일 그 사람을
어떻게 기쁘게 할 것인지 생각해보십시오."

나에게 집중된,
나 자신에 대한 과도한 생각이
여러 가지 병을 낳는다.

어른의 경험과
아이의 경험

신기하게도 어른을 상담하다 보면
그 사람의 어린 시절 모습과
형제 관계, 가족 안에서의 구도가 모두 드러난다.

심리는 전체로 이해해야 한다.

어른과 아이가 구별되는 것이 아니며
어느 한 요소가 문제가 되는 것이 아니다.
아이였을 때의 느낌과 경험이 직장 생활을 하는 당신에게
그대로 영향을 미친다는 것이 신기하지 않은가.

꿈의 해석은
개인적이다

만약 우리가 꿈을 이해하게 된다면,
꿈은 더 이상 우리를 속이지 못할 것이다.

꿈은 이해되는 순간 그 목적을 상실한다.

그러므로 꿈의 해석은 항상 개인적이다.
공식을 갖고 꿈의 상징과 은유들을
해석한다는 것은 불가능하다.
꿈은 특정 환경에 대한
개인의 해석이자 창조물이기 때문이다.

기억과 꿈의
공통점

우울한 사람의 과거는 우울한 것으로만 가득하고,
희망에 차 있는 사람에게는
과거도 긍정적인 것으로만 선택되어 기억에 남는다.
과거에 대한 기억은
그 사람의 현재 인생을 대변하는 '스토리'이다.
자신의 목표와 관련된,
미래에 필요하다고 생각되는 것이 기억으로 정리된다.
이러한 기억을 반복적으로 활용해
자신의 일상을 더욱 공고히 만들어간다.
사람은 자기 자신에게 필요한 것만 기억한다.
그런 의미에서 기억은 꿈과 매우 비슷한 기능을 하고
비슷하게 활용된다.

문제는
사다리가 아니다

내가 교실에 사다리를 갖고 가서 칠판에 걸쳐놓고
제일 꼭대기에 올라가 앉아 수업한다고 해보자.
학생들은 내가 미쳤다고 할 것이다.
왜 사다리 위에 올라앉아 있는지 모르는 채로.

하지만 만약 그들이 내가 병적인 열등감이 있어서
항상 사람을 밑에다 두고 봐야 안정감을 느낀다는 사실을
알게 된다면, 동정은 할지언정 나를 미쳤다고만은
하지 않을 것이다.
아마 목표 달성을 위해 나름 최선의 방법을 동원했다고
웃어넘길지도 모른다.

그러므로 문제는 사다리가 아니다.

단순히 사다리가 문제라고 보고 사다리를 치워버리면

교탁 위로 올라가든, 점프해서 칠판 위로 붙든,

무슨 짓이라도 할 것이다.

개인심리학에서 우리가 초점을 맞추는 것은

이처럼 드러난 증상이 아니다.

그가 선택한 '방법'이 아니라, 그 방법으로

무엇을 달성하려 하는지 '목표'에 초점을 맞춘다.

오로지 목표를 정상화해야만 습관과 태도를 고칠 수가 있다.

목표를 새롭게 정립하면

자연스럽게 나쁜 습관, 잘못된 태도를 버리게 된다.

목표가 바뀐 사람은 더 이상 예전의 그가 아니다.

5장

왜 성격은

바꾸기
어려울까

성격은 왜 그토록
바뀌기 어려울까

만 5세를 전후로 사람들의 마음속에는
이미 일관된 하나의 세계가 만들어진다.
자신의 유전적 특징과 환경에서 받은 인상을 재료로,
스스로 우월감을 느낄 수 있도록 몸과 마음의 역학관계를
구축한다.

자신의 삶의 의미, 평생 추구할 목표,
삶과 사람에 대한 태도와 접근 방식, 정서적 특징 등이
이때 모두 결정된다.

이 과정에서 무엇이 잘못되었는지 정확히 인지하고
그 오류에서 자유로워질 수 있을 때에만
인간은 변할 수 있다.

첫째와 둘째,
셋째의 갈림길

상담을 의뢰하는 사람에게 내가 가장 먼저 하는 질문은
이것이다.

"집에서 몇째 아이입니까? 첫째인가요?
둘째 혹은 셋째입니까?"

그러면 필요한 답은 다 나왔다.

맏이로 태어난 사람 중에 경쟁을 좋아하는 사람은
거의 없다. 전폭적인 사랑을 주던 부모가
새로 태어난 둘째를 향해 웃음 짓는 순간,
첫째는 경쟁에 겁을 먹고 물러난다.
경쟁을 포기하는 것이다.

한편 둘째는 태어나면서부터 이미 자신보다 앞서 달리고
있는 첫째를 인지하게 된다.
그들에게 삶은 항상 앞의 주자를 염두에 두고 달리는
레이스와도 같다. 따라서 경쟁은 당연한 것이며
어디에나 있는 것으로 생각해 거부감을 느끼지 않는다.
경쟁을 즐기고 기존의 권위에 도전하려는 사람 중에
둘째가 많은 것은 이런 이유에서이다.

한편 셋째는 완전히 다른 길을 택한다.
첫째와 둘째의 레이스를 보면서 자신은 아예
경쟁이 필요 없는 다른 영역으로 자리매김한다.

외모와
성격

성인이 되면
유아기에 비해서 외모는 크게 달라지지만,
성격은 별로 변하지 않는다는 사실이 놀랍다.

생존을 위한
생활양식

성격은 유년기 초기에 형성되기 시작한다.
권력 지향적인 아이는
자신을 드러낼 수 있는 기술을
익히며 발전시켜 나가고,
그렇지 않은 아이는
자신의 나약함을 무기 삼아
다양한 방식으로 연출하는 것을 익힌다.
이러한 갖가지 유형은 아이가 속한 환경과의 관계를
이해할 때에만 의미가 있다.
아이의 행동은 대개 환경을 그대로 반영한다.

유아의 경험과
성인의 심리

성인의 심리 구조가 이미 유년기에 형성된 것이라는
우리의 발견은 사실 대단할 것이 없다.
많은 학자가 비슷한 얘기를 해왔다.
우리가 해낸 새로운 것이라면,
유아기의 경험과 인상, 태도 등이
성인의 심리에 어떻게 연결되는지 설명했다는 점이다.

놀이가 능력이다

아이에게 있어 모든 놀이는 미래에 대한 준비이다.
놀이를 하면서 친구와 맺는 관계를 보면
사람에 대해 친근한지, 혹은 적대적인지 알 수 있다.
그리고 놀이에 어떻게 다가가는지, 무엇을 선택하는지
다양하게 드러나는 놀이에 대한 태도는
삶 전반에 대한 태도라고 해도 과언이 아니다.
그러므로 놀이는 성인이 의도한 학습보다,
아이의 정신발달에 더 중요하다.

놀이는 사회적 흥미와 사회적 감정을 연습하는 장이다.
놀이는 아이에게 사회적 감정을 채워주고 만족감을 준다.
그러므로 대부분의 아이는 놀이를 좋아한다.

간혹 놀이를 하지 못하는 아이도 있다.
이런 아이는 놀이, 즉 삶에 적응하지 못할까
두려워하기 때문에 놀이를 피해버린다.

놀이는 우월감을 추구하려는 아이의 욕구가 발산되는 장
이기도 하다.
명령하기 좋아하고 지배하려는 성향이 강한 아이는
지배자 역할이 강한 놀이를 즐긴다.
아이에게 놀이는 삶을 살아가기 위한 준비이자
사회적 감정과 지배 욕구를 드러내고 연습하는 장이다.
이 세 가지가 아이의 놀이를 구성한다.
이 요소 중 하나라도 포함되어 있지 않은 놀이는 없다.

모여 있어도
혼자 노는 아이들

아이들이 모여서 같이 논다고 해도 실상 대부분 혼자 논다.
하지만 아이가 내놓는 결과물은
주위에 있는 아이들과의 관계를 통해서
자극을 받아 만들어진다.
이는 나중에 직업을 갖고 사회생활을 하는 것과도
관련이 있다.
그러므로 아이에게 놀이는 하나의 직업 활동이다.

본능에 대한 해석에
반대한다

프로이트의 정신분석학은
아이들 모두에게 적용하기에 무리가 있다.
부모가 너무 많은 것을 해주고
과한 애정을 쏟아 응석받이가 되어버린 아이들의
정신세계를 설명하는 데에만 도움이 된다.
프로이트가 말하는
유아의 성적 리비도와 타고난 가학적 본능은
이런 응석받이 아이들에게만 해당된다는 것을
우리는 처음으로 밝혀냈다.

경제적 수준이
미치는 영향

잘 먹지 못하고 경제적으로
항상 궁지에 몰린 환경에서 자란 아이라고 해서
모두가 범죄자가 되는 것은 아니다.
중요한 것은 그 아이가 환경에 대해 내리는 결론이다.
가정환경과 주위의 사회를 어떤 시선으로 바라보는가,
어떻게 해석하는가가 아이의 미래를 결정한다.

돈 그 자체보다 돈에 대한 태도,
돈에 대한 경험과 관점이 중요하다.

사람은
스스로 배운다

교사는 한 가지만 하면 된다.
아이들 한 명 한 명의 잠재력을 믿는 것이다.
그리고 아이들이 잠재력을 직접 경험할 수 있도록
모든 방법을 찾아내어 적용해보아야 한다.

사람은 스스로 배우는 존재다.

6장

상처
받지 않고

자란 사람은

없다

무능한 어른이
되는 법

우리는 무엇이 아이를 '천재'로 만드는지 알지 못한다.
하지만 그 아이를 어떻게 무능한 어른으로
만들 수 있는지는 잘 알고 있다.
나의 성장 과정, 친구들의 성장 과정을 보면
충분히 알 수 있다.

그 무엇이든, 되풀이하지 않기 위해
정작 되풀이하는 실수를 범하지 않아야 한다.

결정적
시기

열등함과 우월함에 관한 모든 문제는
아이가 학교에 들어가기 전 가정에서 보낸 삶에서 비롯된다.
학교에 가서 나타나는 교우 관계와 선생님과의 관계는,
이전에 형성된 관계를 되풀이하는 것에 불과하다.

학교에 가서 문제가 생기는 아이는 없다.
다만 이전에 갖고 있던 문제가 드러나는 것일 뿐이다.

아이들은
강하다

개인심리학은 학교가 포기하는 아이들이 있다는 것을
인정하지 않는다.
누구나 유익한 일, 좋은 일을 해낼 수 있다고 믿는다.
실수는 물론 있을 수 있다.
하지만 이런 실수는 개선될 것이고
아이들은 앞으로 나아갈 수 있다.

교사나 부모의 위대함이 아니라
아이들의 위대함에 초점을 맞추어야 한다.
아이들은 스스로 깨닫고 좋아질 수 있다.
그것에만 집중하면 아이들의 약점은 극복된다.

막내의 선택

과학자 집안이라면
막내는 음악가가 되거나 상인이 될 것이다.
상인 집안이라면 막내는 시인이 될 것이다.
막내는 항상 다를 것이다.
형들과 같은 일을 하며 경쟁하는 것보다
아예 다른 분야를 가는 게 더 쉽기 때문이다.

의존적인
성향의 아이

언제나 누군가에게 도움받기를 원하는
의존적인 성향의 아이는
독립적인 아이와 비교했을 때,
서 있는 자세부터 다르다.
아이들이 어떻게 서 있고
다른 사람에게 어떻게 다가가는지 살펴보면
그 아이가 어느 정도로 독립적인지 알아낼 수 있다.

협력하는 경험

아이들에게 가장 중요한 것은
협력하는 것을 배우고 협동을 장려하는 일이다.
또래 아이들과 공통 과제를 하거나 같은 게임을 하면서
스스로 방법을 찾아갈 수 있도록
해주는 것이 진정한 교육이다.
협력하는 것을 어려워하는 아이들은
대개 아직 누군가와 무엇을 할 준비가 되지 않은 것이다.
삶에서 만나는 사회적 문제들에
대처할 준비를 하지 못한 것이다.

자신의 속도대로 서서히 준비할 수 있도록
시간과 기회를 주어야 한다.

사회에 대한
관심

자신이 속한 사회에 공헌하고 싶어 하거나,
자기 자신을 벗어나 타인에게도 시선이 향해 있다면
그 아이는 성격적 결함이 있더라도
충분히 좋아질 수 있다.

하지만 오로지 자신의 장애와 어려움을 없애는 데에만
골몰하는 아이는 오히려
치유가 더 늦어지고 어려워진다.

치유는
어떻게 해야 하는가

장애가 있는 아이의 경우,
성공적 치유를 위해서는
반드시 자기 자신 이외의 목표를 갖도록 해줘야 한다.
현실에 대한 관심이나
타인에 대한 관심,
협력에 대한 관심에 기초를 둔
목표를 가진 아이라면,
아무리 큰 장애를 갖고 있다 하더라도
결국 극복해낸다.

비행의 이유

아이들의 범죄나 비행은 대개
'복수'를 하기 위한 것이다.
무엇에 대한 복수인지,
누구에 대한 복수인지
아이의 관계를 살피는 것이 우선이다.

체벌은 왜 항상
효과가 없는가

체벌은 언제나 효과가 없다.
체벌은 단지 남들이 자신에게
적의를 갖고 있다는 생각을
확인시켜 줄 뿐이다.
그럼으로써 사회적으로 소외된 자신의
비행을 합리화한다.

잘못된 인과 관계를 심어준다.

문제 뒤에 숨은
진짜 문제

항상 정리정돈을 못하고 덜렁대는 아이가 있다면
우리는 그것을 항상 정리해주고 있는 사람이 누구인지를
살펴봐야 한다.
어둠을 무서워하고 혼자 있기 싫어하는 아이가 있다면
그 아이가 진짜 누구와 함께 있기를 원하는 것인지
알아봐야 한다.
문제가 있는 아이의 뒤에는
항상 그 문제를 해결해주는 성인이 있다.
아이와 성인은 이렇게 한 문제로 공생하고 있기에
해결이 쉽지 않다.
연결된 고리를 끊지 않으면
아이는 나아지지 않는다.

빨리 해결하려 하면
결국 도망가게 된다

성인과 마찬가지로 아이들도
다른 사람들보다 우월하다는 것을 보여주고 싶어 한다.
하지만 이런 욕구가 너무 강해지면 불안해지기 시작한다.
긴장 상태가 지속되다가
자신의 능력이 그 정도는 안 된다는 것을 알게 되면
즉각 모든 어려움을 회피하려 든다.
이러한 상황을 피할 방법이나 변명 거리를 열심히 찾는다.
여기서 벗어나는 것이 다음 목표가 된다.

인간의 정신적 반응이라는 것은
이처럼 결정적인 것도 절대적인 것도 아니다.
모든 대답은 그때에만 유효한 임시 대응에 불과하다.

모든 애정은
타인을 향한다

아이들의 애정은 항상 타인을 향해 있지
자기 자신을 대상으로 하는 것이 아니다.
애정을 추구하는 강도나 방식은 사람마다 다르다.
세 살만 지나도 아이들이 말하는 것에서
이러한 차이가 드러난다.
사회적 관심과 공동체에 대한 소속감도
이 시기에 길러지거나 혹은 잃어버린다.

상상력을
숨기는 이유

상상력이 부족한 아이는 없다.
만약 그런 아이를 발견한다면 둘 중 하나의 경우이다.
어떠한 이유로든 자신을 표현하지 않고 있거나,
자신의 환상을 드러내지 않음으로써
강하게 보여야 하는 상황에 있는 것이다.

야망을
권하지 마라

아이가 순종적인 것을 문제 삼는 부모는 없다.
대개 반항적인 경우 부모는 문제를 느낀다.
그럼에도 불구하고 우리의 교육은
아이에게 야망을 갖게 하고
과대망상을 품게 하는 방향으로 이루어지고 있다.
가정에서든 사회에서든 다른 사람보다 더
훌륭하고 뛰어난 사람이 되어야 하는 것이다.
이러한 교육 방식은
아이의 정신발달에 큰 장애 요소가 된다.

칭찬과
기대의 덫

사람은 많은 부담감과 책임감으로 스트레스를 받을수록,
고난을 빨리 제거하고 극복해내고 싶어 한다.
이것은 본능이다.
그러므로 어렸을 적부터 주위의 기대나 시선으로
많은 부담감을 가진 아이일수록
빨리 성공하려는 경향이 있다.
결국 이는 조급함을 불러일으켜 아이가 정상적으로 세상
을 바라보지 못하게 하는 결과를 가져온다.
자기 자신만의 세계, 자신의 결과에만 관심을 갖게 되어
이기적인 사람이 될 가능성이 높고,
결국 이것 때문에 크게 실패할 수도 있다.

싸우려 들지 않는
아이

아이를 이해하기 위해서는
아이가 스스로 싸울 만큼 강하지 않다고 생각해서
피하는 상황을 지켜보는 것이 가장 좋다.
바로 이런 순간이 아이가 다른 사람에 비해
열등감을 느낄 때이다.
열등하다는 느낌은 누구에게나 있다.
이런 느낌을 어떻게 다루는지 배울 수 있도록 해야 한다.

자신의 문제를
푸는 법

좋은 교육이란
아이가 다른 사람의 삶에 관심을 갖게 하는 것이다.
다른 사람이 잘 살고 있는지
관심을 갖고 보게 하는 것이다.
자신에게 부족한 것과 없는 것에 대한
결핍에 매몰되지 않고,
타인과 사회로 나아가게 해야 한다.
그러면 자신의 문제는 자연스럽게 좋아진다.

심각한
문제 상황

동물 학대를 하는 아이들은 다른 생명체와
감정을 나누고 함께 느끼는 능력이 없는 것이다.
오직 자기 자신만을 생각하고
타인의 기쁨이나 고민에 대해 관심이 없다.
이런 현상은 감정이입 능력의 부족과 관계가 있으며,
나중에는 타인과의 협력을 완전히 거부하는 사태까지
초래할 수 있다.

우리에게 필요한
교육이란

교육은 모든 아이에게 적용해야 한다.
이탈되거나 소외되는 아이가 없어야 한다.

교육은 아이들에게
명확하고 알아듣기 쉬워야 한다.

교육은 공동체와 사회에
유익함을 가져다주는 것을 목표로 해야 한다.

7장

필요한
것은

오직
행동

행동을 믿는다

나는 오로지 행동만 믿는다.
삶은 말이 아니라 행동하는 단계에서 펼쳐지는 것.
행동을 믿자.

변명과
정당화

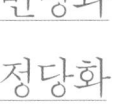

범죄자들은 항상 자신을 정당화하려 애쓴다.
반면 삶을 유익하게 하는 목표를 가진 사람들은
별 말이 없다.

자기 자신에 대해 변명할 필요가 없기 때문이다.

인간에게
가장 어려운 것

사람에 따라서 같은 경험이 다양하게 해석되고
기억되는 것을 보면서 우리는 이해할 수 있다.
왜 인간이 자신의 행동 패턴을 바꾸지 않는 것인지.
왜 경험을 왜곡하면서까지 자신의 행동을
합리화하고 지키려 하는지.

인간에게 가장 힘든 것은
바로 자기 자신을 알고 변화시키는 것이다.

항상 당당한 사람들의
이유

열등감이 전혀 없어 보이는 사람들이 있다.
그들은 열등감과 우월함이 사회적으로 유용하게
활용될 수 있는 심리적 메커니즘을 갖고 있기 때문이다.
이 메커니즘은 사회에 대한 관심과 용기로 만들어진다.
즉 열등감이 전혀 없는 것이 아니라
사회적으로 승화시킨 것이다.

자신만이 아니라 사회로 눈을 돌릴 때,
사람과의 관계에서 재미를 느낄 때 자신감은 생겨난다.

잠을
잔다는 것

잔다는 것은 깨어 있는 것과 반대가 아니다.
오히려 깨어 있는 것과 같은 상태이다.
잠을 자는 동안에도 삶과 분리되지 않는다.
우리는 자면서도 생각하고 듣는다.
어린 아기와 함께 잠든 엄마는
바스락거리는 작은 소리만 나도
금방 일어나 아기의 상태를 살핀다.
자면서도 아기의 소리를 듣고 있는 것이다.

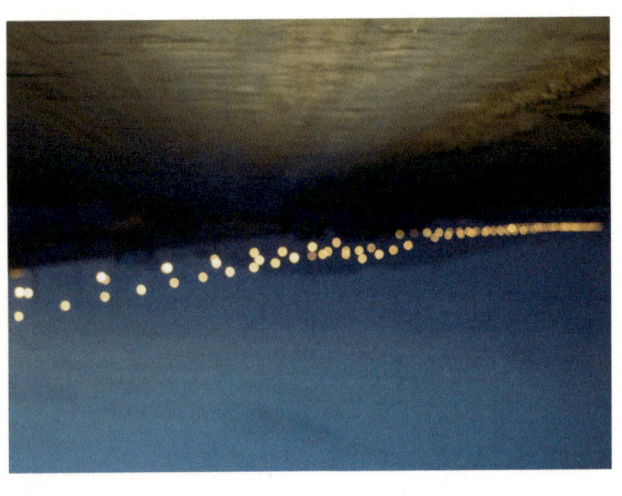

낮의 꿈과
밤의 꿈

자면서 꿈을 꾸기도 하지만,
매일매일 우리는 살면서 꿈을 꾼다.
갖고 싶은 것과 하고 싶은 것,
느끼고 싶은 감정과 만나고 싶은 사람을 떠올린다.
이러한 꿈들은 서로 다르지 않다.
낮에 꾸는 꿈과 밤에 꾸는 꿈은
그 단어만 같은 것이 아니라, 본질적으로 기능이 같다.
둘 사이에 다른 점이 있다면,
낮의 꿈은 이해하기 쉬운데 반해
밤의 꿈은 이해하기 어렵다는 것 정도이다.

꿈의 본질

우리는 꿈을 꾸지만 아침이 되면 거의 잊어버린다.
정말 다 사라져버리는 것일까?
기억하지 못하는 꿈은 아무런 의미가 없는 것일까?
아니다. 항상 무언가는 남아 있다.
이해하지 못하고 기억하지 못해도
꿈이 불러일으킨 감정만은 남는다.

꿈을 꾸는 목적은, 깬 뒤에 남는 감정에 있다.

개인의 감정은 자신의 삶의 방식에 부합하여
일관되게 설명되도록 만들어진다.
그러므로 꿈 속의 생각과 낮 동안의 생각이
엄격히 나뉘는 것은 아니다.
차이가 있다면 꿈속에서는
현실에서 벌어지는 '관계'의 문제가 없다는 것뿐이다.
자면서도 우리는 현실과 연결되어 있다.

가장 쉬운
해결책

꿈은 모든 문제의 가장 쉬운 해결책이다.
낮의 문제를 밤으로 가지고 가는 것,
그것이 꿈이다.

자신이 만들어내는
환상

사람은 자기 자신을 속이기 위해,
그럼으로써 스스로 마음을 편하게 만들기 위해
환상을 만들어낸다.
그로 인해 원하던 감정이나 기분을 느낀다.

사전준비

모든 꿈은 자가 중독이며 자기 최면이다.
그 목적은 모두 내가 어떤 상황을 직면할 준비를
할 수 있도록 분위기를 몰아가는 데에 있다.
마치 앞에 놓인 개울물을 뛰어넘으려는 사람이
뛰기 전에 하나, 둘, 셋을 세는 것처럼
자신의 기분을 북돋아 최대한 집중해내려는 목적으로
사전 준비를 하는 것과 다름없다.

꿈을 보면
그 사람을 알 수 있다

꿈은 언제나 생활하는 방식의 한 부분이며
우리는 항상 꿈에서 그 사람의 원형을 발견하게 된다.
또한 당신이 어떤 사람을 잘 알고 있다면,
당신은 그 사람이 꾸는 꿈의 특징을 거의 알아맞힐 수 있다.

항상
주저하는 사람

항상 무엇인가를 하려다가 말고
주저하다가 시간만 보내는 사람이 있다.
그런 사람은 꿈에서도 자꾸 방해하는 요소가 등장한다.
어디로 가려다가 길을 잃거나 장애물을 만나고
악한이나 귀신처럼 상대하기 힘든 적이 등장한다.
이렇게 꿈에서 유보하고 지연시킴으로써
실제 상황에서 예상되는 실패나 곤란함도 지연시킨다.
하지만 이렇게 주저함으로써
현실에서의 기회도 잃어버리고 있다는 것은 알지 못한다.

꿈도
용기의 문제

꿈은 그러므로 그 사람의 창조력 일부이다.
문제해결력을 보여준다고도 할 수 있다.
하지만 현실에서 해결할 용기가 있다면
더 이상 사람은 꿈에서 해결하려고 하지 않는다.

보이지 않는 것을
보는 법

괴테는 이런 말을 한 적이 있다.
사람의 성격과 본질을 파악하려면
말과 행동을 보지 말고 꿈을 보는 편이 낫다고.
물론 좀 지나친 말이다.
하지만 사람이 자신의 열등감을 해소하고
우월욕구를 추구하는 장으로
꿈이 종종 활용되는 것은 사실이다.
그러므로 말과 행동보다 더 정직할 때가 많다.
우리는 그 사람의 전체적 성격과 부합되는 증거가
꿈에서 발견될 때에만
그 사람을 이해하는 요소로 꿈을 활용하기로 한다.

자신을 속이지 않는
사람

왜 어떤 사람은 꿈을 전혀 꾸지 않는가?

이런 사람은 자신을 속이지 않으려는 사람이다.

그들은 논리적이며 항상 행동하려 하고

문제를 직면하기를 원한다.

이런 사람은 꿈을 꾼다고 하더라도

곧바로 잊어버린다.

8장

나에게는
아직

용기가

남아 있다

가장
위험한 것

삶에서 가장 위험한 것은
너무 많이 예방하고 준비하는 것이다.

의심의 습관

우리는 알고 있다.
습관적으로 의심하는 사람은
항상 의심만 하다가
결국 아무것도 이뤄내지 못한다는 것을.

투쟁은 쉽다

자신의 원칙과 신념을 위해 싸우는 것이,
그 원칙과 신념대로 살아가는 것보다 쉽다.

삶을
배우는 법

수영은 어떻게 배우는가?
처음 배울 때 어떤 일이 일어나는가?
실수하는가, 아니면 하지 않는가.
물에 빠져 죽는 것만 빼고는 모든 실수를 하게 될 것이다.
그러면서 당신은 차차 수영하는 법을 배워나갈 것이다.
삶은 어떤가?
수영을 배우는 과정과 똑같다.
실수하는 것을 두려워하면 배울 수가 없다.

실수하는 것 말고
삶을 배울 수 있는 다른 방법이란 없다.

용기란 무엇인가

장애물을 만나더라도
자신의 목표를 달성하는 일이
이 장애물보다 더 중요하다고 생각하고
끊임없이 노력하는 마음을
우리는 용기라고 한다.

관계 속에서

진실하다. 선하다. 신뢰한다. 용감하다. 당당하다.
이런 긍정적인 가치들은 모두
사람들 사이에 협력이 잘 되고 있다는 것을 내포한다.
그러므로 용기란 결코
개인의 영역에서 가능한 것이 아니다.
사람들 사이의 관계를 이해하고
사회 안에서 함께 살아가겠다는 의지이다.

가능성을
가로막는 것들

누구나 존재 그 자체로 타인에게 기쁨을 줄 수 있고
온전한 관계를 맺을 수 있다.
하지만 스스로 열등하다는 생각이 많아
사회적으로 유익한 행동을 하지 못하는 이유는
용기가 부족하기 때문이다.
정상적인 사회인이 되는 코스를
제대로 밟지 못하도록 막는 것은
바로 이 용기의 부족이다.

용기가 부족하다는
증거

용기란 타인과 협력하고
사회적 관심을 표현해내는 능력이다.
사회의 일부라고 소속감을 느끼고 있고,
이로 인한 장점과 단점을 알고 있으며
다른 사람에게 속한다는 것이 어떤 느낌인지 아는 사람.
이런 사람만이 진정 용기를 내는 사람이다.
이런 용기는 일과 사회,
우정과 애정 생활에도 영향을 미친다.
직장 생활에 어려움을 겪거나
친구 혹은 연인과 갈등이 반복되는 사람에게는
용기가 없는 것이다.

사람을
망가지게 하는 것

열등감 콤플렉스가 있는 데다가 용기가 부족한 것,
이 조합은 사람을 망가지게 한다.

자신감
회복의 길

우리는 그들에게 스스로 어려움을 직면하고
삶의 문제를 해결할 능력이
그들 자신에게 있음을 일깨워주어야 한다.

이것이 자신감을 회복하고
열등감을 치유할 수 있는 유일한 방법이다.

누군가를
돕고 싶다면

어떤 사람을 정말로 돕고 싶다면,
우리가 해야 할 일은
그가 스스로 해낼 수 있다는 것을
믿어주는 것뿐이다.

회피하면서
만족하는 사람들

우리도 잘 알듯,

인간은 적당히 타협해서

만족해하는 방법을 끊임없이 찾아낸다.

포도를 따먹으려다 실패하자, 바로 신 포도일 거라고

단정지으며 돌아서는 여우처럼 애초에 품었던 뜻을,

현실 앞에서 자신도 모르게 묻어버린다.

그러면서 자신이 속해 있는 사회 탓을 하거나

다른 사람을 비난하면서

자신 역시 피해자인양 슬픈 표정을 짓는다.

하지만 이런 사람들은 막상 자신의 일에는
정성을 다해 매진하지 않는 경우가 많다.
자신의 어려움이 사회의 구조적 문제이기 때문에
열심히 한들 해결할 수 있는 게 별로 없다고 생각한다.
그럼으로써 자신의 삶을 치열하게 느끼지 못하기 때문에
어려운 일이 생기면 언제나 돌아가는 길을 택한다.
그들은 그저 곤경을 피하길 원한다.
이 도피를 통해서, 이 전투의 회피를 통해서
그들은 자신이 실제보다 훨씬 더 강하고
현명한 존재라고 착각한다.

돌아가는 길은
없다

항상 직면해야 한다.
핑계를 대며 특정 상황을,
특정인을 배제하면서
자신을 합리화하기 위해서만 논리를 동원한다면,
그것은 곤란하다.

쓸모 있는
행동

우리는 그러므로 어떤 행동이 쓸모 있고
어떤 행동은 쓸모없는지 주의 깊게 살펴야 한다.

운명을 믿는 자

용기와 소심함은
운명에 대한 믿음과 밀접히 관련되어 있다.
운명이 있다고 믿으면 더 나은 일을 해내고
개발해야 하는 부담에서 도망칠 수 있다.

'운명'은 이렇게 겁쟁이들을 위한
가장 좋은 핑계로 종종 쓰인다.

합리화의 유혹에
속지 마라

반복되는 열등감은 끊임없이 속삭인다.
"남들과 협력하면서 성공하는 것은 네게 어울리지 않아.
너는 너일 뿐이야."
이처럼 잘못된 삶의 방식을 끝없이 합리화하거나
타인의 탓으로 돌리며 반복되는 틀 안에 갇힌 사람들이 많다.
그들은 진짜 문제들을 정면으로 인정하지 않고 회피하면서,
그럼에도 자신에게 힘이 있다는 것을 확인하기 위해
허구의 그림자와 싸우면서 인생을 허비한다.
이들에게 필요한 것은 용기이다.
삶에 유익하고 긍정적인 면이 많으며
이를 해낼 수 있다는 용기.

우정은
왜 중요한가

학교에 잘 적응하는 아이들이
사회적 관심도도 높다는 것은 의문의 여지가 없다.
대개는 이런 아이들이 커서도 사회생활을 잘한다.
그러므로 친구 간의 우정은
성인이 되어 필요한 리더십, 신뢰감, 자신감 등에
직접적 영향을 끼치는 중요한 경험이다.

성공의 기회를 준다는 것

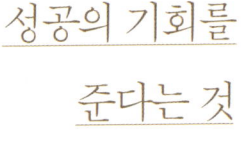

우리가 원하는 답을 하도록 키워서는 안 된다.

수학이든, 글쓰기든, 그림을 그리는 것이든

그 무엇이 되었든 아이가 스스로 나아지고 있다고

느낄 수 있는 기회를 준다면 아이는 용기를 경험한다.

그 어떤 기회도 얻지 못한 아이는

곧 낙담하고 흥미를 잃어버리게 된다.

아이에게 섣불리 재능이 있다 없다 말하는 것은

그래서 위험하다.

아이는 다만 준비가 되지 않았을 뿐이다.

그러므로 기회를 줘야만 한다.

어른이 해줄 수 있는 것은 그것뿐이다.

성공 경험의 기회를 주는 것.

삶이 문제로부터
숨어버릴 때

항상 상대를 지배하려고 하고
타인과 대화를 거부하는 아이들이 있다.
굉장히 공격적이고 자신이 원하는 대답만 하는 아이들.
만약 사나운 개가 이런 아이들을 향해 짖으면,
아이들은 꿈쩍도 못하고 조용히 있을 것이다.
그들은 타인을 항상 우습게 본다.
유익하지 못한 쪽으로 자신의 힘을 멋대로 과시하면서
왜곡된 삶을 살아간다.
이 역시 삶이 문제로부터 숨어버리는 행위이다.

용기 없는
사람들

범죄자들 사이에서 공통으로 발견되지 않는 것이
바로 용기이다.
그들은 항상 문제 상황을 얘기한다.
손에는 총을 들고
원하는 것은 무엇이든 할 수 있는 것처럼 말하지만,
총을 들고 있다는 것 자체가
용기 없음을 드러내는 것이다.

다른 사람을 힘으로 누르려 하고,
남들 모르게 무엇인가를 뺏으려고 한다는 것,
이것이야말로 가장 용기 없고 비겁한 행동이다.

9장

개인적인 것은

곧
사회적인 것

개인적인 문제란
없다

모든 개인의 문제는 사회적인 문제이다.
사회적 관계를 회복할 때 개인은 진정 치유될 수 있다.
우울하고 신경질적이며
무기력한 사람에게 필요한 것은
"사회가 당신을 필요로 한다. 당신을 원한다."는
메시지이다.

개인의 심리와
집단의 정서

개인의 심리는 집단의 정서를 만들고,
집단의 정서는 개인의 심리에 영향을 끼친다.
개인이 겪는 문제의 구조를,
그리고 그 문제가 개인에게 강요하는 짐이 무엇인지
알아내지 못한 상태에서
개인의 심리 상태를 추측하는 것은
불가능하다.

심리학의
목적

개인심리학의 목적은 사회적 적응이다.
개인의 삶에서 세세한 심리적인 요소에 집중할 때
비로소 우리는 사회적 요소가
얼마나 중요한지 깨달을 수 있게 된다.

왜 유아기의 태도가
중요한가

심리는 결국 삶에서 최초로 만난 사회,
즉 유아기에 이미 경험한 세상에 대한 태도이다.
그러므로 온갖 실험과 테스트를 통해
한 인간의 부분적 성향을 밝혀낸들,
그의 캐릭터나 미래에 대해 무엇을 말할 수 있겠는가.

인간은 오직 그가 속한 사회 안에서의 관계를 통해서만
이해할 수 있다.

사회와
협력하는 능력

실패한 사람에게서 공통으로 발견되는 특징은
'협력하는 능력'이 부족하다는 것이다.
심리학은 협력 능력이 부족한 사람을
이해하기 위한 학문이라고 해도 과언이 아니다.
심리적 차이는 협력 능력의 정도를 들여다보면
바로 알 수 있다.

모든 실패는
사회적 실패이다

살인자, 범죄자, 알코올 중독자,
자살하는 사람, 성도착자와 매춘부 등
모든 실패는 동료의식과 사회적 관심 부족의 결과이다.
그들은 누군가와 협력하고 연대해서
문제를 해결할 수 있다는 것을 믿지 않는다.
그들에게 삶의 의미는 오직 개인적인 의미일 뿐이고
관심도 자기 자신으로만 향해 있다.
'개인적인 의미'라는 것은 사실상 아무런 의미가 없다.

삶의 의미란
오직 소통을 통해서만 가능한 것이기 때문이다.

심리적 문제의
해결책

모든 심리적 문제의 해결은 사회적 관심에 달렸다.
살면서 우리가 만나는 도전들은
모두 누군가와 협력을 해야 하는 사회적 도전이다.
사회적 관심이란
사회에 대한 흥미나 호기심에 머무르는 것이 아니라,
직접 참여하는 행위이며 연대 의지이다.
그러므로 단순한 정신적 상태를 말하는 것이 아니다.
세상을 보는 관점과 태도,
그리고 사회 안에서 실제로 무엇을 하고 있고
타인과 어떻게 관계를 맺고 있는지
이 모든 것을 포함한다.

개인이란
무엇인가

"그렇다면 개인이란 무엇입니까?
다른 사람을 항상 염두에 두고 사회적 관심에만 헌신한다면
사적인 영역이 침해받는 것 아닐까요?
자기 자신을 먼저 돌아보고 챙기는 게 기본 아닌가요?"
라고 누군가가 물어왔다.

내가 보기에 이런 관점은 잘못된 것이다.
의미 있는 삶을 살기 원하는 사람은
당연히 자신의 목표를 성취하기 위해
사회적 관계 안에 부합되도록 적응하고
실행해나갈 것이다.

사회에 답이 있다

사회적 적응과 열등의 문제는
동전의 양면과 같은 것이다.
한 사람으로서의 개인은 열등하고 약한 존재이기 때문에
사회라는 울타리 안에 모여 산다.
그러므로 사회적 관심과 타인과의 협력은
곧 개인의 구원이다.

사람을
치유하는 법

문제 행동을 반복하는 사람의 치료는
크게 두 가지 방향으로 이루어진다.
우리는 그가 눈을 떠 기존의 삶의 방식을
덜 택하도록 이끌어야 한다.
옛 속담처럼 '그의 수프에 침을 뱉어 버려'야 한다.
그러면 그는 예전처럼 그 수프를
그렇게 좋아하지는 않게 될 것이다.
그리고 동시에 그가 협력할 수 있도록 용기를 주고,
삶의 유익한 부분들의 중요함을 찾게 해주는 것이다.
유익한 쪽에 머무르면 상처받게 되지나 않을까
두려움을 느끼지만 않는다면
누구도 무익한 쪽을 선택하지는 않을 것이다.

진정한
인간 이해

인간을 이해한다는 것은 결코 쉬운 일이 아니다.
사람을 항상 그 전체로 놓고 살펴야 한다.
결정적인 단서가 명확하게 드러나기 전까지는
항상 의심해야 한다.
방으로 걸어 들어오는 자세, 인사하고 악수하는 법,
웃는 방법, 걸음걸이 등 모든 것에서 힌트를 얻어내야 한다.
정신을 치유한다는 것은 협력을 연습하는 것이며
협력에 대한 테스트라고 해도 과언이 아니다.
상대에게 진실로 관심을 가질 때에만 성공할 수 있다.
상대의 눈을 바라보고 상대에게서 직접 들어야 한다.

행동의 주인은
바로 나

이렇게 저렇게 인생을 만들어가는 것은
오로지 자기 자신이다.
우리는 각자 행동의 주인이다.
낡은 습관을 버리고 새로운 것을 해내야 한다면
어느 누구도 아닌, 나 자신이 해야 한다.
이렇게 독립적인 사람들의 협력이 활발하게 이루어진다면
사회의 발전에는 한계가 없다.

협력이란
무엇인가

'타인과의 협력'이란
생각이나 말의 차원을 의미하는 것이 아니라,
전반적인 태도를 뜻한다.
어느 정도의 낙관적 사고와
다른 사람에게 관심을 갖는 마음을 포함한다.

노력의 부산물

모든 경험, 전통, 규율과 법 등은
옳든 그르든, 지속되든 임시적이든,
삶의 어려움을 극복하기 위한
인간의 노력에서 나온 부산물이다.
완벽해지려는 인간의 목표가 반영된 것이다.

누구나
선한 쪽을 택한다

신체적 한계, 수명의 한계를 갖는 인간은
본능적으로 서로의 도전 상황을 도와줌으로써
공동의 번영을 추구한다.
사회적 감정은 상호 간의 흥미이자
인간의 본능적 고립감을 극복하기 위한
타인과의 연결 장치이다.
정상적 상황에서는 누구나 선함을 택한다.
일부러 남을 괴롭히고 뺏는 사람은 없다.
하지만 이런 사회적 감정을 느끼지 못하면
자신의 고립감을 해소하기 위해 합리화할 근거를 찾고
피해의식을 쌓기 시작한다.
그 결과 온갖 신경증, 우울증에 빠지거나
범죄를 저지르기도 하고 자살을 택하기도 한다.

10장

삶이

위험하다는
거짓말

삶의
두 가지 기준

가슴이 이끄는 대로 가되,
뇌를 항상 챙겨 가라.

당신에게
삶의 의미는

"삶의 의미는 무엇입니까?"라고 내가 묻는다면
현명한 당신은 대답할 것이다.
"그 질문을 듣기 전에는 알고 있었던 것 같은데,
막상 질문하시니 모르겠네요."

많은 사람을 관찰해본 결과 알 수 있었다.
말로 표현하지 않아도
이미 행동으로 각자 대답하고 있음을.

행동은
무엇을 보여주는가

아이들을 괴롭히고 때리는 아이에게 물어보았다.
"네게 삶의 의미는 무엇이니?"
아이는 대답했다.
"착한 아이가 되는 것이죠."
하지만 이 아이의 행동을 살펴본다면,
정작 자신이 원하는 것은 반드시 얻어내면서
사람들을 굴복시키고 지배하려는 것이
아이의 삶의 목표라는 것을 알 수 있다.

정신병이 있는 사람 중에 왕이나 황제,
심지어 신이 되는 환상을 품고 있는 사람이 많다는 것은
결코 우연이 아니다.

다양한 사람들의
다양한 삶의 의미

범죄자들의 삶의 의미는 비교적 간단하다.
타인의 삶은 안중에 없고
자신의 욕망을 만족시키는 것이 전부이다.
알코올 중독자들은 항상 도망가고 싶어 하고
편하게 자신을 좀 놓아줬으면 한다.
이게 각자 삶의 의미를 표현해내는 방식이다.

내 삶을
이해하고 싶다면

다른 사람의 눈으로 보고
다른 사람의 귀로 듣고
다른 사람의 마음으로 느껴 보아라.
당신의 기준과 생각은 이미 틀에 갇혀 있기 때문에
새로운 경험을 늘 방해한다.

제대로 보고 싶다면 다르게 보아야 한다.
그것이 합리화하는 습관의 굴레를 깨고
참된 경험을 하는 방법이다.

질문이
내게 올 때

인생의 의미란 무엇인가?
인간은 왜 사는가?
이런 질문은 주로 실패한 사람,
고통받고 있는 사람이 하는 법이다.
모든 것이 순탄하고 어려움이 없을 때
이런 질문을 하지는 않는다.
질문에서 답이 나오기를 기대하지 마라.
아무리 기다려도 답이 오지는 않을 것이다.

답은
어디에 있는가

삶의 의미를 찾고자 노력하는 것은 중대한 일이다.
모든 생각과 감정, 행동의 기준이 되기 때문이다.
하지만 진짜 삶의 의미는 다른 곳에 있지 않다.
당신이 일상에서 실수하는 지점,
그 지점의 반대편에서 드러난다.
교육이나 상담, 심리 치유는
이런 진짜 삶의 의미와
우리가 모르고 하는 잘못된 행동 사이에
다리를 놓아주는 일이다.

삶을 이해하는 데 필요한
세 가지

개인심리학의 모든 방법은
이 세 가지를 가지고 인간을 이해한다.

우월해지려는 인간의 목표,
열등감과 결핍의 힘,
그리고 사회적 관심 정도.

이 세 가지를 어느 정도로 가졌는지 살펴보면
그 사람의 전체적 심리상태를 거의 파악할 수 있다.

내 삶의
최종 목표

의사가 된 많은 사람이 유년기에
가족의 죽음을 경험한 적이 있다는 사실은 놀랍지 않다.
너무 어린 시기에 형제나 부모의 죽음을
충격적으로 경험한 아이는 죽음으로부터 자신을,
그리고 아끼는 사람들을 지키고 싶다는 열망을 품고
부단히 노력해 의사가 되기도 한다.

교사의 꿈을 일찌감치 갖고 자라는 경우도 있다.
우리는 그 수만큼이나
다양한 교사가 있다는 것을 알고 있다.
사회적 감성이 떨어지는 사람이, 어리고 약한 존재들을
앞에 두고 평생 우월감을 느끼고 싶어서
교사가 된 경우도 적지 않다.

사회적 감성, 연대감을 충분히 갖고 있는 교사는 결코 학
생들을 자신보다 낮게 보지 않는다.
진심으로 동등하게 대우한다.

하나의 목표가 구체화되면 개인의 잠재력도
이 목표에 맞추어 축소되고 한정된다.
하지만 인간의 최종 목표는 이러한 한계들을 밀어내면서
어떠한 상황에서도 길을 찾아내는 것이다.

그럼으로써 삶의 의미와 우월감을 추구하기 위해
부단히 노력한다.

보이는 것이
문제가 아니다

우리는 항상 이면을 보아야 한다.
자신의 목표를 구체화하기 위해
그 수단과 방법을 바꿀 수 있다.
직업을 바꾸는 것이 하나의 예이다.
이때 보아야 할 것은 드러난 모습만이 아니라
그 안에서 벌어지고 있는 흐름이다.
하나의 인격이 스스로 통일성을 이루기 위해 맞추어가는
일련의 흐름.

그러므로 한 사람의 원형을 이해하기 전에 섣불리
"당신은 이런 일을 하면 최고가 될 수 있을 것 같다.
이것을 하면 우월감을 충족시킬 수 있을 것 같다."고
함부로 말해서는 안 된다.
우월에 대한 추구는
그때그때 다른 모습으로 나타날 수 있는,
굉장히 유연한 것이고 인간이라면 너무나 당연한 일이다.
건강하고 정상적인 사람일수록 막다른 길에 들어섰을 때,
어떻게 새로운 길을 내야 하는지를 안다.

사랑에
대하여

사랑하면 약자가 된다고 생각하는 사람들이 많다.
어느 정도 맞는 말이기도 하다.
사랑에 빠지면 우리는 확실히 부드러워지고
상대가 내게 끼치는 불편이나 어려움에 대해 너그러워진다.
우월감을 찾는 사람에게 사랑은 가장 어려운 과제다.
"난 결코 약해지지 않아. 절대 속지 않을 거야."
그들에게 사랑이란
절대로 피해야만 하는 상호의존에 불과하다.
그래서 이들은 사랑이나 연애, 결혼에 대해
코믹하거나 시니컬하게 말하면서 회피하려 하지만,
정작 그들 자신이 여기에서 소외될 뿐이다.

헛된 싸움

비가 온다고 하자.

당신은 무엇을 할 수 있을까?

우산을 들거나 택시를 탈 것이다.

비를 향해 주먹을 휘두르면서 싸우려고 하거나

굴복시키려 들지는 않을 것이다.

하지만 당신은 지금 비와 싸우는 일에

많은 시간을 허비하고 있다.

그것을 당신은 힘이라고 착각하고 있다.

상황을 나아지게 할 수 있다고 믿고 있다.

하지만 당신이 생각하는 '승리'는

누구보다도 당신에게 피해를 준다.

미리
결정하지 마라

무엇을, 어떻게 경험할 것인지
사람들은 먼저 결정해놓는다.
무엇을 경험해도 같은 결론을 내리는 사람들이 많다.
그들은 항상 똑같은 실수를 반복한다.
그런 사람에게, 당신이 이러한 실수를 계속 하고 있다고
말해준다고 하자. 아마 이런 반응이 나올 것이다.
부모나 가정환경의 문제, 혹은 성장 환경의 어려움과
교육의 문제, 혹은 사회나 그를 둘러싼 사람과의 문제.

그가 뭐라고 변명하든, 어떤 알리바이를 대든
그는 자신의 책임을 회피하고 있다.

삶의 균형

삶의 한 가지 요소에 너무 집중하는 경우,
삶의 균형이 깨진다.
삶은 조화다.
한 사람의 몸 안에 있는 기관들은
서로 조율해 균형을 잃지 않으려고 노력한다.
균형이 깨지면 병이 온다.
병은 균형을 되찾기 위한 몸의 요구이자 주장이다.
정신에도 이와 비슷한 메커니즘이 있다.
정신의 한 부분은 반드시
사회적 관심에 중점을 두어야 한다.

학교와
직장

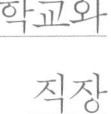

직장이 성인의 '삶'이듯이, 학교는 아이의 '삶'이다.
직장에서 고통을 겪는 사람이 행복하기란 불가능하고
학교에서 적응하지 못하는 아이가
정상적으로 성장하기란 어렵다.
학교와 직장에 잘 적응하는 사람에게는 공통점이 있다.
새로운 상황을 다룰 수 있다고 느끼고
이에 대한 준비가 되어 있다는 것이다.
그러므로 아직 준비되어 있지 않은 사람이라면,
이러한 심리적 문제에 대한
용기를 서서히 갖춰나가는 것이 중요하다.

게으른
사람에게

스스로 게으르다고 생각하는 사람이
의외로 많다는 것은 놀라운 사실이다.
게으르다는 것은,
삶에서 만나는 도전을
회피하겠다고 돌려 말하는 것이다.
사람은 항상 열등감을 느끼고 결핍을 만나게 된다.
그때 게으름을 방패로 내세워
정면으로 만나기를 회피한다.
스스로 자신의 감정을 무시하는 것이다.

이 역시 사회와 협력해서 더 나은 삶을 살 수 있는 기회를
포기하는 것이며 자신의 의무도 방기하는 것이다.

삶이 위험하다는
거짓말

사람은 근본적으로 누구나 독립적이다.
아기는 태어나는 그 순간부터
스스로 해낼 수 있는 것들을 훈련하며 자란다.
월령, 연령에 맞게 하나씩 익혀가면서
적응하는 능력과 자신감을 키워나간다.
이런 아이들을 섣불리 도와주는 것만큼 방해되는 것도 없다.
어른의 도움이 있어야 제대로 할 수 있을 거라는 얘기는
어른을 위해서 필요한 논리일 뿐이다.
항상 부모들은 아이에게 세상이 얼마나 위험한 것인지,
살아남기가 얼마나 힘든 것인지 가르치려 들지만,
불안감을 조성하는 것은 전혀 쓸모가 없다.

진짜 위험한 것과 어려운 것은 아이들이 직접 알아낸다.

근원적 치유의
시작

사회에 도움이 되지 않는 행동을 하는 사람은

평소에 타인들이 자신에게

적개심을 가지고 있다고 생각한다.

살기 위해 온갖 종류의 거짓말과 핑계,

자신을 정당화하기 위한 전략으로 머릿속을 가득 채운다.

이런 행동은 삶을 더 힘들고 피곤하게 만들 뿐이다.

자신이 사회에 중요한 역할을 할 수 있다고 믿는 것,

그것이 용기이고 근원적 치유의 시작이다.

어느 누구도 당신을 무시하지 않고

당신을 싫어하지 않는다.

당신의 착각일 뿐이다.

한계를 만드는 것은
나 자신

누구도 나를 낙담시키지 못한다.
내게 한계를 만들고 규정짓는 것은 항상 나 자신이다.
실패가 두려워 전력을 다하는 것을 포기하고,
스스로 가둬버린다.
어떤 문제든 해법은 여기에 있다.

더 용기를 내고 더 협력하는 것.

어떤 삶을
선택할 것인가

삶이란 끊임없이 도전을 만나는 일이다.
평생 계속되는 도전에 맞설 용기를 내는 것,
이것이야말로 삶의 본질이다.
그러므로 당신은 선택할 수 있다.
순순히 도전에 응하면서 진짜 삶을 살 것인가,
아니면 뒤로 물러나 계속 핑곗거리를 찾으며
가짜 삶을 살 것인가.

맺음말
삶은 과거가 아니라
미래에서 온다

이 책은 1927년부터 1933년 사이에 차례로 출간된 『인
간 이해 Understanding Human Nature』(1927), 『삶의 과학
The Science of Living』(1929), 『삶의 패턴 The pattern of
Life』(1930), 『삶의 의미란 무엇인가 What Life Should
Mean to you』(1931), 『사회적 관심 Social Interest: A
Challenge to Mankind』(1933) 등 아들러의 대표적 저서
다섯 권을 토대로 쓰였다. 1911년 프로이트와 결별하면
서 본격적으로 '개인심리학'의 시대를 연 이후 1937년 심
장마비로 사망하기 전까지 27년 중에서 후반 7년 사이에
집중적으로 출간된 것들로, 그의 신념과 주장을 정확히
보여주는 책들이라 할 수 있다. 강의를 거듭하면서 출간
이 진행된 만큼, 책마다 미묘하게 다르게 쓰이는 용어들
은 있으나 핵심 개념은 그대로 발전시키면서 더욱 구체화
되었다. 그의 말의 힘을 해치지 않기 위해 본문에서는 될
수 있으면 필자의 해석을 덧붙이는 것을 자제하면서 '어

246

록'의 형식을 취했으나, 맥락을 알지 못해 혹시라도 독자의 오해가 생기는 것을 우려해 아들러 개인심리학의 기본 개념을 한 번 정리해보고자 한다.

아들러가 말하는 '개인'은 더는 쪼갤 수 없는 단위로서 하나의 통합된 유기체를 의미한다. 이는 프로이트가 개인을 '원초아 id-자아 ego-초자아 superego'로 나눈 것에 대해 정면으로 반대하는 것이다. 즉, 사람은 누구나 다른, 각각 독특하고 독립된 존재이며 오직 그 개인 안에서 전체적으로 맥락을 살피며 보아야 한다는 주장이다. 인간에게 자유의지란 없으며 본능의 희생자에 불과하다고 보았던 프로이트와 정반대로 "의식과 무의식은 분리되어 갈등하는 관계가 아니라 하나의 동일한 실재이며 서로 보완하는 일체"라 했고 개인을 갈등의 조정자로 보았다.

그러므로 아들러에게 있어 인간은 유전과 환경의 산물에 그치지 않는다. 항상 목표를 설정하고 스스로 창조해가는 능동적인 존재이다. 이러한 개인의 창조력은 지각과 기억은 물론이고 꿈까지도 조절하고 이끌 수 있기에 자신의 존재와 행동에 대해 스스로 책임을 져야 함을 분명히 했다. 하지만 아들러 역시도 프로이트의 영향에서 벗어나지 못한 점이 있다면 바로 유년기의 영향에 대한 관점일 것이다. 만 5세 이전에 성격 형성이 거의 끝난다고 보았던 프로이트와 마찬가지로 아들러도 유년기 초기의 경험이 상당 부분 사람의 성격을 만들어낸다고 보았다. 다만 리비도와 오이디푸스 콤플렉스, 엘렉트라 콤플렉스 등 본능에 따른 결정론적 시각을 가졌던 프로이트에 반해, 출생 직후 가족 관계를 그 변수로 보았다는 점, 즉 본능이 아니라 경험을 요인으로 보았다는 점이 다르다.

물론 이렇게 유년기 초기에 형성된 성격은 개인의 목표 추구로 얼마든지 바뀔 수 있는 것으로 보았다. 아들러에게 있어 삶이란 '과거'에 의해서 규정되는 것이 아니라 '미래'의 목표가 무엇이냐에 따라 달라지는 것이기 때문이다. 그런 의미에서 이미 경험한 실패나 트라우마 등 일체의 '과거' 개념을 인정하지 않는다. 다만 개인이 미래의 목표를 위해 그러한 일들을 어떻게 주관적으로 인식할 것인가의 문제로 보았다.

형제간의 출생 차례에 따른 성격 형성에 관한 이론과 열등감에 대한 연구야말로 아들러가 처음으로 제기한 창의적인 개념들이라고 할 수 있는데, 그것은 형과 동생과의 관계에서 직접 고통 받았던 경험 덕분이었다. 잘생기고 공부도 잘했던 형에 비해, 선천적으로 몸이 허약하고 못생긴데다가 학업도 시원치 않았던 아들러는 애초에 어머니의 사랑에서 밀려난 존재였다. 항상 어머니의 관심을 받으려 애를 쓰다가 새로 태어난 남동생에게 또 한 번 밀려나는 쓰라림을 겪었고, 시기 질투하던 동생이 폐렴으로 죽게 되자 크나큰 죄책감에 빠지게 된다. 어린 시절의 이런 경험을 통해 열등감과 형제간의 관계에서 오는 심리 상태와 성격 형성에 깊이 관심을 가졌던 것으로 보인다.

하지만 지금 이 시점에서 아들러를 재조명하는 후속 연구자들이 아들러 심리학에 매력을 느끼는 것은 아마도 그의 '사회적 관심' 개념 때문이 아닐까 한다. 필자의 경우에는 확실히 그러하다. 아들러는 '개인심리학'의 시대를 연 사람으로 개인의 개별성, 즉 사람은 모두 다르다는 것을 주장했지만, 동시에 이러한 개인은 결코 사회와 분리될 수 없는 서로 연결된 존재임을 분명히 했다.

그는 세상의 모든 문제가 '사회적 관심' 부족으로 발생한다고 보았다. 아들러가 애초에 썼던 용어인 독일어의 공동체 의식 Gemeinschaftsgefühl은 영어로 옮겨지면서 사회적 관심 Social Interest 혹은 공동체감 Community

Feeling 등 대여섯 가지로 조금씩 다르게 쓰이다가, 후학들에 의해 사회에 대한 소속감과 연대 의식을 느끼는 인지와 태도의 통합적 개념인 '사회적 관심 Social Interest'으로 정리되었다. 이는 단순히 사회에 대한 호기심 차원의 '흥미'를 말하는 것이 아니라, 개인이 실제로 자신이 사회의 구성원임을 자각하고 책임감을 갖는 것을 뜻한다. 자신과 사회의 이익과 불이익이 따로 있지 아니함을 실감하면서 살아가는 것이다. 개인이 가장 건강한 상태가 되려면 이 사회적 관심이 충분히 갖춰져 있어야 한다.

아들러의 이론에 따르면, 모든 개인은 초등학교 입학하기 이전의 시기에 어느 정도 인격이 완성된다. 삶에 대한 자세와 태도, 살아갈 방식, 성격 등이 거의 이 시기에 이미 결정이 된다. 그러므로 아무리 많은 경험을 하고 많은 사람을 만난다 하더라도 이 패턴을 반복하기 때문에 인간은 변하기가 어렵다. 똑같은 경험을 해도 자기의 고정 관념에 부합하는 것을 편집해 기억하고, 사람을 바꾸면서 만나지만 같은 열등감 기제로 비슷한 실수를 반복하며 결별하는 것이 인간이다.

이런 인간은 그럼 어떻게 변할 수 있는가?

우선은 변하겠다는 의지, 나의 심리적 메커니즘과 삶의

방식을 정면으로 바라보겠다는 용기가 필요할 것이다. 그게 아들러가 말하는 용기의 핵심이다. 내가 무의식적으로 반복하는 나의 문제들은 유년기에 형성된 삶의 방식을 의식 없이 반복하기 때문에 일어나는 것들이 대부분이다. 그러므로 이 시기에 무엇이 잘못되었는지 성찰하는 과정을 거쳐야, 유년기의 나를 그 상황 안에서 이해할 수 있게 되고 실수를 알 수 있게 된다. 그러면 절반의 문제는 해결된다.

나머지 절반은 어디에 답이 있는가? 그것은 바로 '사회성의 회복'에 있다. 다른 사람과 협력해서 문제를 해결하고 함께 놀고 어울린다는 것, 그것으로 인해 더 이상 내가 상대보다 열등하거나 우월하거나 하는 문제에 빠져들지 않는다는 것. 그것이 아들러가 말하는 결정적 회복의 길이다.

『정신분석입문』을 비롯한 프로이트의 저서들을 읽으면서 정신분석의 깊고 난해한 어둠의 세계에 질려버린 사람이라면, 무엇이 되었든 아들러의 저서는 무척 쉽게 느껴질 것이다. 프로이트를 읽다가 아들러를 읽는다는 것은, 어두컴컴한 지하 세계를 헤매다가 햇빛 바른 양지 공원에서 산책하는 것처럼 산뜻한 경험이다. 이것이 무슨 심리학이론인가 싶을 정도로 문장이 쉽고 분명하다. 그것은 아마도 낙천적이고 밝은 아들러의 성격과도 관계가 깊을 것이다. 어찌 보면 유년기의 신체적 조건과 열등감으로 인해 사람을 사귀지 못했던 불행에 보상이라도 하듯 더욱더 활발하게 사교적인 활동을 했는지도 모른다.

아들러의 개인심리학은 스토아철학에서 발견되는 핵심 사상에 많은 기반을 두고 있다. 임마누엘 칸트의 영향도 많이 받았다. 칸트는 '사회적 상식의 영역에서 능력을 잃어버린 자는 개인적인 영역에서 역량을 발전시켜 보상받으려고 하는 경향이 있다'는 글을 통해 '사회적 상식'의 영역과 '개인적 상식'의 영역으로 구분을 시도했는데 아들러 역시 이 개념을 그대로 사용했고 더 나아가 '개인의 로직'이라는 개념으로 발전시켰다. '개인의 로직'이란 사회적 관점을 상실한 개인의 영역에서만 작동하는 로직으로 개인이 겪는 많은 어려움을 발생시키는 기제가 된다.

아들러의 연구는 또한 진화론으로 대표되는 동물학자인 라마르크와 다윈, 마르크스와 사회주의의 영향을 받았으며 급진적 페미니스트였던 아내 덕분에 당시에 가득했던 남성성과 여성성의 편견에 대해 비교적 일찍 눈을 뜰 수 있었다.

프리드리히 니체가 말한 '권력에의 의지'는 아마 아들러에게 열등감과 우월감에 대해 가장 직접적으로 영향을 끼친 개념일 것이다. 그러나 아들러는 니체의 '약자에 대한 강자의 지배'라는 관점을 지지하지 않고, 이러한 이원론적 구분을 뛰어넘어 사람이 어떻게 열등감을 극복하고 사회적으로 유용한 방식으로 중요성을 획득해 가는지, 자기 자신을 어떻게 사회에 적응시켜나가는지에 천착했다.

아들러와 프로이트의 관계를 살펴보는 것은 개인심리학을 이해하는 데에 가장 중요한 열쇠가 된다. 정신분석학의 핵심 개념이라고도 할 수 있는 오이디푸스 콤플렉스에 대해 아들러는 '응석받이 아이들의 삶에 나타나는 여러 가지 형태 중 하나'일 뿐이라고 설명하면서 프로이트가 말한 해결 불가능한 '선천적인 새디즘적 본능'이 아니라, 사회적 관계 속에서 얼마든지 교정될 수 있는 오류로 보았다. 성격의 선천적, 유전적 영향을 인정하지 않았고, 꿈에 대한 해석과 최면을 포함한 여러 가지 심리 치료에 대한 견해도 프로이트와 너무 달라서 어떻게 10년 가까이 수요모임에 참석할 수 있었을까 개인적으로 의문이 들 정도이지만, 아들러와 프로이트가 서로의 이론 정립에 상당한 역할을 했음은 부정할 수 없다.

다만 안타까운 것은 '강연' 중심으로 활동하면서 실제적 적용과 현실적 접근을 즐겼던 탓에, 아들러의 저술이 프로이트에 비해 확연히 부족하고 갑작스러운 심장마비로 사망하면서 학설로 제대로 정립되지 못해 덜 알려졌다는 사실이다. 아들러는 인간의 무한한 가능성을 강조했고, 정상인과 비정상인을 구별하지 않았으며 항상 따뜻하고 부드러운 시선으로 약자를 바라보았다. 프로이트보다 지적이지는 않았지만 실천적인 영역에서는 압도적으로 우세했던, 긍정적이고 낙관적인 인본주의 심리학자 알프레드 아들러. 그가 100년 전에 주창한 '사회적 관심만이 개인을 구할 수 있다'는 관점에 고개 숙여 존경을 표한다. 현대를 살아가는 우리에게 당면한 과제는 바로 이 '개인과 사회와의 관계 회복'이 아닐까? 나의 결정과 실행에 대한 책임은 오롯이 내가 지되, 우리가 어떻게 연결되어 있는지 체감하며 살아갈 수 있다면 우리들의 책임 회피와 그로 인한 불행은 상당히 줄어들 것이다. 개인심리학의 창시자 알프레드 아들러의 현재적 의미는 이로써 충분하다.

참고문헌

Adler, A. (1929). The science of living. New York: Greenberg.

Adler, A. (1930). The pattern of life. New York: Cosmopolitan.

Adler, A. (1931/1958). What life should mean to you (A. Porter, Ed.).

New York: Prestige.

Adler, A. (1957). Understanding human nature (W. B. Wolfe, Trans.).

Greenwich, CT: Premier Books. (Original work published 1927)

Adler, A. (1964). Social Interest: A challenge to mankind. New York:

Capricorn. (Original work published 1933)

Stone, M. H., & Drescher, K. A. (2004) Adler Speaks: The Lectures of Alfred Adler.

New York: iUniverse.

박소현 외 역 (2004), Goodwin, C. J., 『현대심리학사』, 시그마프레스.

김필진 (2007), 『아들러의 사회적 관심과 상담』, 학지사.

김윤주 (2009), 『Dr. kim의 성격심리학 recipe』, 조명문화사.

Adler Says:

항상 나를 가로막는 나에게

초판 1쇄 발행 2014년 6월 12일
초판 15쇄 발행 2023년 5월 18일
원저 알프레드 아들러 | **편저** 변지영
감수 김현철 | **본문 사진** 윤한수

펴낸이 민혜영 | **펴낸곳** 카시오페아
주소 서울시 마포구 월드컵북로 402, 906호(상암동 KGIT센터)
전화 02-303-5580 | **팩스** 02-2179-8768
홈페이지 www.cassiopeiabook.com | **전자우편** editor@cassiopeiabook.com
출판등록 2012년 12월 27일 제2014-000277호
편집1 최희윤, 윤나라 | **편집2** 최형욱, 양다은, 최설란
마케팅 신혜진, 조효진, 이애주, 이서우 | **경영관리** 장은옥
외주 디자인 김진디자인

글 변지영 © 2014 | **본문 사진** 윤한수 © 2014
ISBN 979-11-950125-7-2 (13190)

이 도서의 국립중앙도서관 출판시도서목록(CIP)은 서지정보유통지원시스템 홈페이지
(http://seoji.nl.go.kr)와 국가자료공동목록시스템(http://www.nl.go.kr/kolisnet)에서
이용하실 수 있습니다. (CIP제어번호 : CIP2014017109)

이 책은 저작권법에 따라 보호받는 저작물이므로 무단전재와 무단 복제를 금지하며,
이 책의 전부 또는 일부를 이용하려면 반드시 저작권자와 카시오페아의 서면동의를
받아야 합니다.

*잘못된 책은 구입한 곳에서 바꾸어 드립니다.
*책값은 뒤표지에 있습니다.